위대한
훈련병

엄마의 눈물과
지휘관의 염원이 만나는 곳

# 위대한
# 훈련병

이소영·고유동 지음

업글북스

# 추천사

훈련소 철문이 닫히는 순간을 상상해 봅니다. 어머니는 돌아서지 못한 채 그 자리에 서 있고, 아들은 뒤돌아보고 싶어도 앞만 바라봐야 하는 그 순간 말이죠. 그 짧은 찰나에 담긴 천 마디 말, 만 가지 감정이 이 책 한 권에 고스란히 녹아있습니다.

'엄마의 눈물과 지휘관의 염원이 만나는 곳', 《위대한 훈련병》은 책이라는 이름을 넘어선, 살아 숨 쉬는 '마음의 기록'입니다. 이 책은 훈련소 철문 앞에서 마지막 포옹을 나누는 모든 어머니와 아들들의 이야기이자, 그 순간을 지켜보며 묵묵히 책임을 다하는 지휘관의 진솔한 고백이지요. 단절과 그리움이 교차하는 그 특별한 공간. 이곳에서 피어나는 인간의 가장 순수한 감정을 이토록 섬세하게 포착한 글은 흔치 않습니다.

고유동 작가는 육군 제35보병사단 신병교육대대 지휘관으로서 수많은 청년들의 변화와 성장을 직접 목격했습니다. 전역 후에도 깊이 있는 성찰과 문학적 통찰로 저술을 이어가는 그는 진정한 '지성과 인성을 겸비한 리더'입니다. 함께 이 책을 완성한 이소영 작가는 독서경영전공 박사이자 학교와 여러 기관에서 활동하는 독서코칭 전문가입니다. 두 작가가 현장에서 길어 올린 진정성은 이 책의 모든 문장에 생생히 살아 있습니다. 덕분에 독자는 그 순간들을 함께 경험하게 됩니다.

저는 지난 10여 년간 훈련병들을 만나며 'WWH131 키워드 글쓰기' 특강을 이어왔습니다. 부모와 자식, 지휘관과 훈련병 사이에 흐르는 복잡하고도 순수한 감정의 물결들을 무수히 지켜보았기에, 이 책 속 이야기 하나하나가 제 마음 깊은 곳까지 와닿았습니다.

이 책은 군 복무라는 미지의 세계 앞에서 불안해하는 어머니들과 청년들에게 단순한 위로를 넘어, '신뢰'라는 견고한 다리를 놓아줍니다. 동시에 장병 교육에 헌신하는 교관들과 지휘관들에게는 깊은 통찰과 새로운 시각을 선사할 것입니다.

아들을 군대에 보내는 일이 세상에서 가장 아픈 사랑이라면, 그 사랑을 온전히 이해하고 품어주는 이 책은 모든 어머니에게 바치는 '사랑의 송가'입니다. 또한 대한민국의 모든 훈련병이 얼마나 귀하고 위대한 존재인지를 깨닫게 해주는 '희망의 선언문'이기도 하지요.

이 책이 수많은 이들의 마음에 따뜻한 위로가 되고, 때로는 뜨거운 용기가 되어주기를 간절히 소망합니다.

독서대통령 김을호
사단법인 국민독서문화진흥회 회장

# 추천사

아직 그 문턱을 넘지 않은 엄마로서, 이 책을 읽는 내내 가슴이 먹먹했다. 언젠가 올 그날을 생각하면 벌써부터 마음 한편이 무너져 내린다. 스무 해 넘게 내 품에서 자라온 아이가 훈련소 문을 들어서는 순간을 상상만 해도 숨이 막힐 것 같다. 지금까지는 '국방'이나 '전쟁' 같은 단어들이 그저 뉴스 속 이야기였는데, 책을 읽으며 아들의 입대를 생각하니 그 모든 것이 현실로 다가온다.

하지만 이 책은 그런 두려움 속에서도 희망을 발견하게 해 준다. 20년간 군복무를 하면서 신병교육대대장을 지낸 고유동 작가의 따뜻한 시선과 아들을 군대에 먼저 보낸 이소영 작가의 솔직한 고백이 만나 만들어 낸 이야기는, 마치 먼저 그 길을 걸어간 선배가 건네는 든든한 위로 같다.

"나도 그 시절을 겪었고, 이곳에는 엄마 마음으로 아이들을 돌보는 사람들이 있다."는 지휘관의 한마디가, 얼마나 많은 부모의 마음을 달래 주었을까. 아들은 생각보다 강하고, 그 6주의 시간을 통해 한 뼘 더 성장해 돌아온다는 메시지 앞에서, 나도 모르게 눈시울이 뜨거워졌다.

이 책을 읽으며 깨달았다. 두려움은 결국 모름에서 시작된다는 것을. 군대에 대한 막연한 불안도, 아들을 향한 과도한 걱정도 사실은 그곳이 어떤 곳인지 제대로 알지 못해서였다. 아직 그 순간이 오지 않은 엄마들에게, 그리고 지금 이 시간을 견디고 있는 모든 부모들에게 이 책을 권한다. 한 생명을 키워낸 부모의 사랑과, 부모의 마음으로 훈련병들을 돌보는 지휘관의 진심, 그리고 새로운 도전을 통해 성장해가는 우리 아이들의 용기에 박수를 보내며.

《위대한 훈련병》은 눈물을 닦아주는 손수건이자, 용기를 북돋워주는 응원가다.

헤세드의 서재, 조혜진

# 프롤로그

## 눈물을 닦아주는 손수건

지금까지 수많은 입대를 지켜보며 이런 생각이 들었습니다. 눈물에도 무게가 있다면, 아들의 입대를 바라보는 어머니의 눈물이 세상에서 제일 무거울 거라고요.

입대하는 날의 풍경은 매번 비슷합니다. 어머니는 연병장 끝자락에 서 있는 아들을 보지요. 표정이 보이지 않을 정도로 작아진 아들. 어머니는 그가 아이였을 때를 떠올릴 수밖에 없습니다. 그렇게 스무 해의 추억이 역류합니다. 눈시울이 아려오면서 아들의 형상은 흐릿해지지요. 이내 어머니의 눈물이 방울져 흐르기 시작합니다. 더는 아들이 보이지 않기 때문입니다. 눈물방울 하나하나에 맺힌 사랑, 걱정. 이것은 무저갱보다 심원한 마음입니다. 그래서일까요. 어머니의 눈물은 언제나 저를 압도합니다. 도저히 익숙해질 수 없는 감정. 매번 적응해 보겠노라 마음먹었다가도 언제나 실패하는 저를 돌이켜보다가 의문이 생겼습니다.

'왜 어머니는 아들 입대를 보며 눈물 흘릴 수밖에 없을까?'

어쩌면 어머니와 아들이 겪는 '첫 번째 이별'이라 그런 것일지도 모르겠습니다. 보고 싶을 때 보지 못하는 단절. 그렇습니다. 군대는 단절의 공간입니다. 특히 훈련소에서의 생활은 더욱 그러하죠.

한 지붕 아래 숨소리를 나누며 살아온 어머니와 아들. 둘 사이에 느닷없이 높고 단단한 벽이 세워집니다. 어머니는 이제 아들의 일상을 상상으로만 그려야 합니다. 아들이 무엇을 먹는지, 어디에서 자는지, 어떤 훈련을 받는지, 모든 것이 안개 속에 가려져 있습니다. 한 번도 경험해 보지 못한 세계를 상상하는 일이라서 힘듭니다. 미지에 대한 불안과 공포는 어머니의 마음을 좀먹으며 자라나지요. 이는 쉽게 사라지지 않기에, 눈물 또한 마르지 않습니다.

그렇다면 군대는 어머니와 아들을 강압적으로 떨어뜨리는 '나쁜 곳'일까요. 언젠가 이런 말을 들은 적이 있어요. 대체 나라에서 해준 게 뭐가 있다고 아들을 빼앗아가냐고요. 갑자기 멍해졌습니다. 아들을 둔 어머니 마음은 다 똑같을 것 같다는 생각이 들어서였죠. 어머니의 마음은 한없이 아들을 지향하고, 그 마음은 언제나 옳으므로. 말문이 막힐 수밖에 없었습니다.

물론 저는 군지휘관으로서 아들이 군대에 가야 하는 이유, 나라를 지켜야 하는 논리적 근거를 종일 말할 수 있습니다. 하지만 이런 건 어머니 귀에 닿지 않습니다. 위안이 될 리 없죠. 문득 소름이 돋았습니다. 상황이 이렇다면, 어머니들은 지금껏 '무통주사' 없이 아들의 '입대'라는 사태를 맞닥뜨렸다는 것이니까요.

어머니를 위한 책을 쓰자고 결심했습니다. 당연히 군 복무의 당위성을 설파하는 이야기는 아니어야 했어요. 이미 모르는 사람이 없는 데다가, 어머니는 그런 이야기를 듣지 못하니까요. 편지 형식 또한 적절하지 않아 보였어요. 진정으로 모든 어머니에게 도움이 되려면, 실제로 아들을 훈련소에 보내본 선배 어머니의 목소리. 그리고 아들과 함께 하는 지휘관의 속마음이 어우러져야 한다고 생각했습니다. 바로 이 지점에서 대한민국 군대에 대한 '신뢰'와 더불어 뭉근하게 오래가는 '공감과 위로'가 태어난다고 믿었기 때문입니다.

이 책은 그 결과물입니다. 입대 직전부터 훈련소를 떠나는 날까지. 막둥이를 군에 보낸 어머니와 군지휘관이 나눈, 시공을 초월한 대화를 담고 있지요. 무엇보다 아들의 입대 때문에 마음이 어려워진 어머니를 염두에 두고 썼습니다. 아들을 보내는 마음은 도저히 가늠할 수 없으므로, 저는 그저 이 책이 어머니 옆에서 눈물을 닦아주는 '손수건'이 되길 바랄 뿐입니다.

또한, 입대 직전의 청년이나 가족, 신병 교육을 담당하는 장병들이 읽어도 도움이 되도록 썼습니다. 훈련소 생활 이면의 이야기와 어머니의 진솔한 마음, 지휘관의 고민이 고스란히 담겨 있으니까요.

저는 감히 희망합니다.

아들을 향한 어머니의 눈물이 풍선처럼 가벼워져
태어남과 동시에 허공으로 휘발되기를 말이죠.

어머니를 닮은 아들은.
대한민국 모든 훈련병은.
단순히 숫자로 표현할 수 없는 존재.

그는 어머니는 물론이고
군지휘관에게도 귀한 사람일 뿐만 아니라
위대한 존재라는 사실을
이 책을 읽은 모든 분이 알게 되길 바랍니다.

2025년 9월
제주 곶자왈 자택에서
저자 대표 고유동

# 차 례

# 1

입대 전

# 선무당 엄마의 입대 준비

엄마

## 설상가상 雪上加霜

아들의 대학 수시가 꼬였다. 원하는 학과 하나 말고는 지원하지 않겠다는 아들의 고집. 수시 합격은 하늘의 운에 맡겨두고 정시에서 실수만 하지 않기를 기도했다. 그런데 수능 점수에만 넋 놓고 있던 어느 날, 병무청에서 통지서가 날아왔다. 아직 고등학교를 졸업하지도 않은 어린 내 아들인데, 나라에 맡겨둔 아들인 양 데려가도 될 몸인지 확인한단다. 언제부터 나라가 내 아들을 키웠다고. 마치 수능이 끝나기만을 기다리고 있었다는 듯 내 손에 들어온 입영통지서는 기대에 못 미친 아들의 수능 점수와 맞물려 욕받이가 되었다. 요즘은 자녀 수능 점수가 마치 부모 성적표처럼 인식되는 세상 아니던가. 안 그래도 억울함이 불쑥불쑥 올라오는

데, 종이 쪼가리 한 장 달랑 보내고는 신체검사를 받으러 오라니. 울화가 치밀 수밖에.

아들의 병무청 신체검사 결과는 2급이었다. 3급까지는 현역으로 입대해야 한다. 현역 입대를 하기 싫어 밤새 촛불을 봤다거나 풍선처럼 몸을 부풀렸다는 호랑이 담배 피우던 시절과는 달리 요즘은 극단적인 방법까지 써 가며 현역 복무를 피하려는 사람은 잘 보이지 않는다. 그렇다고 입대가 마냥 쉬운 건 아니다. 군 생활 무용담을 자랑삼아 늘어놓던 사람들도 재입대하는 꿈을 꾸면 화들짝 놀라고 식은땀을 흘린다니 말이다. 신체검사를 받으러 간 아들의 마음도 편치 않았을 것이다.

그런데 좀 이상하다. 아들 몸이 2급이라는 말을 들었을 뿐인데, 왜 내가 짜증이 날까? 아, 도대체 나란 엄마의 욕심은 어디까지인 걸까? 인스턴트 음식 먹이고, 야식 먹이고, 좋아하는 고기를 하루가 멀다고 먹여 뚱띵이로 만들어 놓고선 1급을 바란 나란 엄마. 1이라는 숫자에서 벗어나지 못하는 한심한 엄마는 아들의 신체검사 등급에서도 짜증을 냈다.

그러나 엄마들은 알 것이다. 이 짜증은 아들의 입대에 — 아무것도 해줘선 안 되지만— 아무것도 해줄 수 없다는 미안함과 저질 체력으로 고생할 수도 있다는 염려라는 것을. 매일매일 얼굴을 마주 보며 서로의 기분을 들여다볼 수 없다는 것, 보고 싶어서 달려가도 언제든지 만날 수 있는 게 아니라는 것, 이 모든 짜증은 아직은 헤어질 결심이 되지 않은 엄마의 분리불안이라는 것을.

## 군인과 삼손

입대 날짜가 정해졌다. 남은 기간은 두어 달. 아들이 느닷없이 노랑머리를 한단다. 나는 놀랄 수밖에 없었다. 탈모 가족력이 있는 내 아들은 어릴 적부터 머리카락 한 올과 이마 넓이에 예민했기 때문이다. 그래서 대학 입학 후에도 염색은 꿈도 꾸지 않던 아이였는데 탈색에 염색이라니. 하지만 아들의 결심을 꺾을 순 없었다.

입대 한 달 전, 아들이 노란 머리로 나타났다. 한 달 후면 빡빡 밀어버릴 머리카락이니 어차피 염색한 부분은 잘려 나갈 운명이다. 아들이 과감해진 이유라고나 할까.

한 달 동안 아들이 먹고 싶은 음식, 아들이 가고 싶은 장소, 아들이 보고 싶은 영화, 아들이 하고 싶은 게임까지. 모든 일상의 중심은 아들이 되었다. 낯선 곳에서 낯선 이들과 더 낯설기만 할 군사훈련을 받게 될 아들을 위해 모든 걸 해주고 싶었다. 마음껏 보지 못하고 편하게 소통할 수 없을 예정인 아들에게 훈련소 생활을 버틸 수 있는 에너지를 가득 채워 주고 싶었다.

시간은 여지없이 흐르고, 드디어 입대 이틀 전.

노란 머리카락이 운명대로 참혹하게 잘려 나갔다. 어색했다. 까까머리 아들의 모습이 아니라 내 모습 때문에. 내 눈은 바닥에 나뒹구는 아들의 흔적을 따라가고 하염없이 머무른다. 주책맞게도 주인을 배반하는 눈물. 아들의 복잡한 심경이 헤아려지지 않는다. 내가 할 수 있는 거라곤 그저 멍하니 서서 산산이 조각난 노란색을 오래 바라보는 일뿐이었다.

삼손은 머리카락이 잘리면 힘을 잃는다. 반면 빡빡 민 아들의 머리는 강인한 군인의 아우라를 내뿜고 있었다. 이 또한 위안이라면 위안일까.

### 엄마는 선무당

선무당이 사람 잡는다는 말은 서툴고 미숙한 사람이 능력자인 척하다 일을 그르치게 된다는 뜻이다. 나는 이 속담에서 '척'에 주목했다. '척'은 자신의 상태를 스스로가 잘 알고 있다는 뜻이기도 하다. 속담처럼 남을 속이기 위해 선무당이 되는 것은 분명 나쁘지만 때로는 자신의 처지에 맞게 최선을 다한 결과가 선무당으로 나타나기도 한다.

나는 아이들을 키우며 알게 모르게 수많은 '척'을 하며 선무당으로 살았다. 의사인 척하며 아프다는 아이의 말을 엄살로 치부해 버려 병을 키우기도 했고, 친구 때문에 속상하다는 아이의 말에 상담 전문가인 척 조언과 충고로 마음의 상처를 키우기도 했으며, 입시 컨설턴트인 척 아이의 학습을 계획하고 화려한 생활기록부를 위해 진로와 봉사 계획도 미리 설계했었다. 그러나 엄마의 그 많은 '척'들로 힘들었던 건 언제나 내 아이들이었다.

하지만 그때는 선무당 되는 게 최선을 다하는 엄마의 역할이라고 생각했다. 아이가 아프다고 할 때 함께 호들갑을 떠는 대신 가정상비약으로 응급처치하고 상황을 조금 더 지켜본 뒤 병원에 가는 게 최선이라 여겼다. 그때는 친구의 입장을 먼저 생각해 보라는 조언과 충고가, 배려를 가르치는 부모의 역할인 줄 알았다. 또한, 공부를 대신해 줄 순 없으니 그 외의 것들에 신경 쓰지 않고 아이들이 공부에만 집중할 수 있도록 도움을 주고 싶었다. 컨설팅 비용은 비싸기도 했지만 결국 관건은 성적임을 알기에. 결과적으로는 선무당이었지만 나는 매 순간 최선을 다했다.

그리고 이제는 아들의 입대를 앞두고 또다시 여기저기를 기웃거린다. 훈련소 입소하기 전 어떤 것을 준비해야 하는지, 군 생활을 잘하는 방법은 무엇인지, 선임에게 사랑받는 법과 훈련병들에게 가장 필요한 것은 무엇인지 등등을 인터넷으로 검색하고 주변 지인들에게 물어보기도 하면서 나는 어느새 선무당이 되고 있었다. 선무당 엄마의 노력으로 깔창을 비롯해 어깨와 무릎과 팔꿈치 보호대, 손목시계, 일체형 핸드폰 충전기, 타이레놀, 선크림, 물집 패드, 바스 용품 등이 한가득 배송되어 온 날, 아들은 나머지는 자신이 알아서 할 테니 엄마가 더이상 고생하지 않았으면 좋겠다고 했다.

겉으로는 사랑을 담은 감사 표현이었지만, 아들도 아는 거다. 엄마 기분 상하지 않게 선무당을 자제시키는 방법을.

## 하늘의 초대

입대 며칠 전 아들이 입소할 사단 훈련소 중대장이 훈련소 '밴드'에 아들을 초대했다. 250여 명의 아들은 각자의 부모님과 애인에게 밴드 초대장을 보냈다. 족히 500명이 넘는 사람들이 순식간에 모였다. 일면식도 없던 훈련소 중대장은 그때부터 나의 하늘이 됐다.

훈련소 동기라는 이름으로 묶인 우리는 하늘의 지휘하에 프로필 명을 수정하고 눈과 귀를 집중했다. 학창 시절에도 선생님 말씀이 두세 번 반복되며 언성이 높아져야 비로소 말을 듣는 아이들이 있었던 것처럼 밴드에서도 프로필 명을 훈련병의 이름과 관계, 예를 들면 ○○○훈련병(엄마), ○○○ 훈련병(애인)으로 바꿔 달라는 수차례의 '부탁'이 좀처럼 지켜지지 않자, 어느 순간부터 패널티를 동반한 '지시'로 바뀌었다. 그때는 코로나19 유행으로 사람들이 방역에 민감한 시기였기에 이런 조치가 이해 못 할 일은 아니었다.

드디어 입대하는 날의 구체적인 일정이 공지됐다. 사실 공지되자마자 알았다. 훈련소 밴드 알림을 제외하고, 가입되어 있던 모든 밴드 알림을 꺼두었으니까. 앞으로는 훈련소 밴드가 휴대전화 열람 1순위라고 생각하니, 비로소 아들의 입대가 실감 나기 시작했다.

# 입대 결심이 위대한 이유

지휘관

2001년 1월. 나는 육군사관학교에 입학했다. 정확하게는 입학식 전 기초군사훈련에 돌입했다. 분명 내가 원한 일이었지만 쉽지 않았다. 개인화기 사격 불합격으로 눈밭을 구르고 있을 때 어처구니없게도 이런 생각을 했다. '군인은 내 길이 아닌가?'

나는 군인이 되길 원해서 훈련을 시작했지만, 훈련 기간 내내 심한 내적 갈등을 겪었다. 아침 달리기, 기계적인 훈련, 계속되는 얼차려와 통제에 시시각각 시들어갔다. 매일 새벽 다섯 시에 눈을 떠서 끊임없이 고뇌했다. 퇴소할까. 포기할까. 졸업식은 하지 않았으니 내 신분은 아직 고등학생이었다. 퇴소하고 다른 대학을 갈 여지는 있었으나 끝까지 포기하지 않고 이를 악물었다. 사격 성적은 밑바닥이었으나, 각개전투는 죽도록 노력해서 좋은 성적을 거뒀다. 나는 종종 그때를 생각한다. 내가 포기하지 않았던 이유. 그건 입대가 내 선택이었기 때문이다.

　나는 스스로 동기부여가 된 상태에서 입대했다. 거창한 애국심이랄 것도 없이, 우리나라를 지키자는 마음. 그거 하나로 군대를 향한 꿈을 키웠다. 크게 대단할 것 없는 마음이다. 자연스럽게 그런 마음을 가지게 됐을 뿐이다. 이런 건 마찰이 없고, 미끄러우며, 투쟁 없는 부드러움이다. 진정 대단한 일은 따로 있다. 바로 자신을 거스르는 일이다. 어제의 나를 이겨내고 기어이 오늘의 나를 만들어내는 일이 위대한 일이다. 그런 점에서 군대에 입대하는 청년은 위대하다.

　청년의 시선에서 군대는 불편한 곳이다. 가능하다면 가지 않으려 한다. 온갖 부정적인 뉴스가 언론을 통해 쏟아지기 때문이다. 사건·사고라도 발생하면 곧바로 헤드라인을 장식한다. 게다가 오랜 옛날부터 누적되어 온 인식은 어떠한가. 군에 다녀온 할아버지나 아버지의 경험담은 대체로 부정적이다. 최근 군에 다녀온 친한 형이나 친구들의 의견 또한 마찬가지. 그래서일까. 입영통지서를 받은 대한민국 청년의 머릿속에는 이런 의견들이 버무려져 어떤 거대한 이미지로 떠오른다.

한 번 만들어진 선입견은 바꾸기 어렵다. 게다가 눈덩이 효과까지 겹쳐서 바꾸기는커녕 더 불어난다. 물론 한계는 있다. 청년의 머릿속을 꽉 채울 때까지만이다. 그리하여 다른 생각이 자리 잡지 못하고 밀려 나간다. 생각이 입대에 묶이고 상상에 잠식되는 일. 이런 맥락에서 나는 '입대'란 사건이 일종의 '임종체험'과 비슷하다고 생각한다.

'엘리자베스 퀴블러 로스'의 《죽음과 죽어감》에는 임종 환자가 겪는 5단계 정서가 나온다. 부정-분노-타협-우울증-수용. 가장 먼저 청년은 입영통지서를 받고 상황을 부정한다. "잘못 온 편지겠지, 그건 사실이 아니야!"를 외친다. 그리고 분노한다. "왜 하필 나지?" "나라가 나한테 해준 게 뭐가 있다고!"란 말을 자주 하게 되는 거다. 여기에 입대를 교묘하게 회피한 자들을 보며 다시 분노한다. 분노는 계속

증폭된다. 화란 놈은 서로 잡아먹으면서 몸집을 키우기 때문이다. 이 또한 한계는 있다. 땔감이 모두 불에 타 없어질 때까지다. 그제야 청년은 협상을 시도한다. 그러나 타협은 불가능. 자연스레 우울증이 나타난다. 초연하면서도 멍하게, 말수 없이. 그렇게 '수용'에 이른다.

마지막 '수용' 단계. 나는 이 지점에서 청년이 자신을 초탈한다고 생각한다. 새가 알에서 깨어나기 위해 자신의 세계를 부수는 일과 같다. 청년은 생각한다. 자신의 삶과 미래를. 그리고 둘러본다. 가족과 친구를. 자리에서 일어나 밖으로 나가 세상을 본다. 포근한 햇살과 뺨을 부드럽게 간질이는 바람. 초록의 대지와 살아 숨 쉬는 모든 것들. 이 모든 것을 생생하게 느끼며 이면을 본다. 존재를 지탱하는 기둥들. 지금까지 그를 보호하고 있었던 모든 것들. 그것은 국가, 경제, 복지, 학교, 의료보험, 제도 같은 시스템들이다.

청년의 시선은 더 나아가 시간까지 거슬러 올라간다. 친형, 아버지, 할아버지가 군복을 입고 자신의 위치에서 굳건히 나라를 지키는 모습을 목격한다. 그분들 덕분에 아무 걱정 없이 즐거워하는 어머니와 누나, 동생이 보인다. 그곳엔 자신도 있다. 시선은 더 멀리 간다. 이 땅을 지키기 위해 피 흘린 고귀한 분들이 웃으며 청년을 보고 있다. 그들은 이어 달리기를 하고 있다. 이순신 장군이 안중근 장군에게 바통을 넘기고, 안중근 장군이 할아버지에게 바통을 넘기고, 할아버지는 아버지에게, 아버지는 형에게 바통을 넘긴다. 저 멀리 형이 달려온다. 청년은 출발점에 서서 생각한다. 이제 비로소 바통을 받을 준비가 됐다고.

나는 입대에 임하는 청년의 마음이 이렇다고 생각한다. 그 치열한 내적 갈등을 어찌 말로 표현할 수 있겠느냐마는, 적어도 그것이 '임종'의 충격과 동급이라 믿는다. 그러므로 청년은 위대하다. 자신을 곱씹고 계속 곱씹은 끝에 기어이 자신을 이겨 냈기 때문이다. 이런 관점에서 입대한 청년들을 보면 절대 소홀히 생각할 수 없다. 겉보기에 그들은 이제 갓 고등학교를 졸업한 듯한 새파란 젊은이지만, 보이는 게 전부가 아니다. 그들의 영혼에 형과 아버지, 할아버지의 영혼이 함께한다. 어머니와 할머니의 염원까지 담겨 있다. 그는 숭고한 과업을 이은 후계자다. 마치 장석주 시인의 <대추

한 알>처럼 청년 한 명에게 수많은 의지가 깃들어 있다. 이토록 놀라운 밀도를 어찌 감당할 것이며, 이토록 진하게 농축된 농도를 어찌 감당할 것인가.

곧 내게 다가올 수백 명의 훈련병을 떠올린다. 한 명 한 명에게 함축된, 시공을 초월한 의지가 느껴진다. 그들이 입대를 결정하고 군문에 발을 디디는 마음을 그려본다. 이들은 절대 불쌍한 청년이 아니다. 동정받을 대상 또한 아니다. 걱정할 어린아이도 아니다. 오히려 마음에 굳은살이 생겨나 어떤 생채기조차 생기지 않는 사람이다. 나는 보인다. 그들의 눈동자에 깃든 결의를. 어떤 극복을. 절대 부스러지지 않는 차돌을. 이들은 이미 나보다 위대하다. 정성스럽게 대할 수밖에 없는 이유다.

# 2

# 입대하는 날

# 텅 빈 방, 텅 빈 마음

나는 먹성 좋은 우리 애들을 '대띠'라 부른다. 아이들은 집에 있던 철학 동화 시리즈를 좋아했는데 동화 주인공 중 하나가 핑크 돼지였다. 덕분에 우리 집에서 돼지는 귀엽고 사랑스러운 이미지였다. 하지만 돼지라는 정직한 발음에는 돼지의 역한 냄새마저 소환되는 기분이 들었다. 그래서 나는 잘 먹어서 사랑스러운 우리 아이들을 '대띠'로 부르게 됐다.

## 동병상련

내 목숨보다 귀한 아들을 나라에 맡기는 날, 우리 가족은 훈련소 입영 행사 시간보다 한참이나 전부터 고속도로 위를 달리고 있었다. 쫓기는 기분을 버리고 가족 나들이처럼 여유를 부리며 담담하게 아들을 보내주고 싶었다. 하지만 무언가를 의식하는 순간 자연스러움은 사라지게 마련이다. 여유를 느끼고자 들른 고속도로 휴게소에서 누군가의 시선이 아들 머리로 향함을 느꼈을 때, 그리고 내 시선이 아들과 비슷한 외양의 청년에 닿았을 때 깨달았다. 우리 가족에게 이날의 여유는 사치였음을. 휴게소 단골 메뉴였던 소떡소떡도, 핫도그도 제맛이 나지 않았다. 의식적으로 멀찍이 자리를 잡고 앉았는데도 신경은 온통 조금 전 보았던 그 청년 가족에게로 쏠렸다. 그들도 우리와 목적지가 같은 걸까? 그들도 나와 같이 애처로운 마음으로 내 아들을 쳐다보았을까?

말라비틀어진 나무뿐인 2월의 고속도로는 마치 아들과 생이별을 앞둔 내 마음 같았다. 어느 순간, 트럭 한 대를 앞지르던 남편이 돼지 봤냐고 물었다, 대띠 말고 진짜 돼지를 봤냐고.

아뿔싸, 굳이 속도를 늦춰 트럭과 나란히 달리는 센스 없는 남편을 어찌할꼬. 그 와중에 아들의 입에서 진심이 흘러나왔다.

'너희들은 어디로 끌려가는 중이니?'

## 엄마의 이중성

사단 훈련소 연병장에 아들들이 모였다. 불과 한 시간 전 부모 형제, 친구들에게 둘러싸여 수다를 떨고 사진을 찍어 대던 아들들이다. 동행했던 가족, 친구들이 강당에 모여 앞으로 훈련병이 수행하게 될 군사훈련을 비롯해 훈련소 생활 전반에 대한 설명을 듣는 동안, 아들들은 줄을 맞추고 인사법을 배우고 부동의 차렷 자세를 익혔나 보다. 250여 명이 자로 잰 듯 일정한 규칙으로 서 있었다. 왼발 옆에는 개인 소지품을 담은 가방이 있었다. 정수리에 내리꽂힌 햇빛으로 인해 모자 없는 민머리가 민망할 만큼 반들반들했다. 대표자로 선정된 한 청년이 선언문을 낭독하러 나오고 일제히 구호에 맞춰 거수경례했다.

"충성"

부모들 가운데서 멋지다는 함성과 박수가 쏟아졌고 내 울음소리는 다행히도 묻혔다. 조금 전까지 부모 곁에 있던 저 아들들이 충성이라는 단어의 뜻을 알고 외치는지 의아했다. 국가에 대한 충성인가? 조직에 대한 충성인가? 부모와 지휘관에 대한 충성인가?

단어에 영혼을 담지 못한 채 출력값이 미리 입력된 로봇처럼 일제히 팔을 올리고 볼륨키를 최대치로 높여 의미 없는 소리만을 내뱉는 공허한 '충.성'. 평소 남의 아들에게서 듣던 '충성'이라는 구호는 참으로 듬직했는데, 입대하는 날 아들과 입대 동기 아들들의 '충성'구호는 안타깝게 느껴졌다.

예전에 읽었던 '다자이 오사무'의 《인간 실격》이 생각났다. 책을 읽을 당시 나는 인간 실격자의 삶을 사는 주인공 '요조'와 그를 둘러싼 어른들의 위선적이고 이중적인 모습에 화가 났다. 하지만 아들이 훈련소 입영하는 날에서야 나도 그런 이중성을 가진 사람임을 깨달았다. 남의 아들에게서 느낀 듬직함의 충성 구호가 내 아들 입에서 내뱉어진 순간, 나는 눈물을 흘릴 만큼 안타깝고 속상했으니 말이다.

## 빈자리

든 자리는 몰라도 난 자리는 표가 난다고 했다. 막내가 고 3일 때 두 딸은 기숙사 생활을 했기에 집에는 남편과 나, 아들 세 식구만이 생활했다. 아들이 대한민국의 고3이었으니 부부 두 명이 사는 가정이었다고 봐도 틀리지 않는 표현일 것이다. 항상 북적거리던 집이 1년간 고요했지만 허전했었던 적은 없었다. 남편이 출근하고 아이들이 등교하고 전업주부로 혼자 집에 남겨진 시간 또한 그러했다. 허전함이 아무도 없어서 느끼는 감정이거나 할 일이 없어서 느끼는 공허함이라면 나의 이 감정은 허전함이 아닌 게 분명하다. 그러면 훈련소 연병장에서 조교를 따라 걸어가던 아들의 뒷모습을 본 순간, 마음에 생긴 이 감정은 뭘까?

감정은 느낌이다. 하지만 이것은 느낌이라기보다는 형상으로 보였다. 마음 어딘가에 커다랗게 뚫린 구멍의 형상. 집으로 돌아가는 차 안에 빈자리가 났다. 눈물이 흘렀다. 남편이 저녁을 먹고 가자고 했다. 대답 대신 눈물이 흘렀다.

주인 없는 아들 방엔 책상과 컴퓨터와 의자와 침대가 있었다. 장기간의 부재를 상기시키려는 듯 아들은 방을 말끔히 치워 놓았다. 아들의 방이 낯설다. 게임 속도를 높이려고 거실 공유기와 연결해 방까지 끌어 쓰던 빨간 선, 시끄럽게 돌아가던 컴퓨터 본체의 냉각 팬 소음, 종알대던 수다쟁이 아들의 목소리, 이 모든 것이 사라진 적막한 방. 곤충이 허물 벗듯 침대 아래 있어야 할 잠옷도 아들과 함께 사라졌다. 소리도, 늘 어수선했던 모습도 온데간데없는 아들의 방에서 나는 아들의 베개를 안고 코를 비볐다. 아들이 거기 있었다.

# 입대하는 날, 움직이지 않는 자동차

지휘관

　오늘은 건장한 젊은이들이 입대하는 날이다. 오후 두 시가 되자 부대 앞 도로는 차들로 가득 찼다. 코로나가 기승을 부릴 때라 별도 행사는 없다. 오직 바이러스 확산을 차단하는 데 모든 노력이 집중되는 시기였기에 감정을 나누는 일은 사치가 된다.

　마스크는 마음을 통제하는 증표다. 표정을 가림으로써 감정의 교류를 차단한다. 효율성이 지상 과제이므로 부모님 차는 정해진 지점에 멈춰야 한다. 아들을 하차시킨 후 유턴해서 돌아가야 하는 시스템. 그러나 컨베이어 벨트 위 차량은 좀처럼 움직이지 않는다. 타이어가 아스팔트 위에 눌어붙은 듯. 차가 멈추고 아들이 내리면, 어머니가 따라 내린다.

어머니의 눈시울은 붉어진 지 오래다. 영원히 잊지 않으려는 듯 손을 잡고, 어머니가 아직 엄마였을 때, 아들이 아직 아기였을 때의 뭉툭한 손가락을 추억한다. 엄마의 마음은 찰나에 아들의 전 생애를 오간다.

이 과정은 마법과도 같다. 아들과 엄마는 소리 없이 말한다. 굳게 닫힌 입술과 상기된 표정이 기능을 상실한 성대를 대신해 말한다. 낯선 환경은 그들의 마음을 꽁꽁 얼렸다. 마음은 음파를 통해 전달되지 못하고 다른 수단을 찾는다. 과정은 미지의 영역이지만 결과는 선명하다. 맞잡은 두 손. 물기 어린 눈빛. 한동안 서로를 바라보던 마음은 이내 떨어진다. 아니 떨어지지 못한다. 헤어짐의 장소에 못 박힌다.

마법은 다른 사람들에게도 영향을 미친다. 길게 늘어진 줄을 참아내지 못하는 사람에게 참을성을 심어준다. 뒷차도 그 뒤의 뒤 차도 빵빵거리지 않는다. 유턴을 통제해야 할 교관과 조교도 재촉하지 못한다. 시간은 계속 늘어지고. 모두의 마음도 실처럼 늘어진다. 물론 나도 그렇다.

나는 신병교육대대장 임무를 수행하며 수없이 많은 입대를 보았다. 어떤 일이든 반복하면 익숙해지고 편안해지기 마련이건만. 오직 '입대'만은 적응할 수 없었다. 그것은 한없이 무거운 일. 수백 명의 엄마와 수백 명의 아들이 만들어내는 감정의 공명이란, 블랙홀의 중력을 가뿐히 능가한다. 그 무한한 밀도 앞에 서면, 나란 존재는 무한히 쪼그라들기 마련이다. 이 때문에 입대가 끝나면 한없이 녹초가 된다. 언제나 마음을 단단히 먹고 나서지만, 돌아와서 보면 너덜너덜해진 상태. 물론 나는 국가와 국민 앞에서 언제나 강한 사람이어야 하므로 내색하지 않는다. 구멍이 숭숭 뚫린 마음은 매번 봉합되지 못한 채 굳어진다. 마치 현무암처럼.

내 몸의 흔적을 보며 어머니들의 눈물을 생각한다. 어머니는 아들이 입대하는 날 왜 눈물을 쏟을까. 아마도 아들이 낯선 환경에 잘 적응할 수 있을지에 대한 걱정. 밥은 잘 먹을 수 있을지에 대한 걱정. 동료들과 잘 지낼 수 있을지에 대한 걱정. 교관과 조교가 심하게 혼내지는 않을까 하는 걱정. 훈련을 받다가 다치지는 않을까에 대한 걱정 때문일 것이다. 그렇다면 그 '걱정'은 어디서 비롯되는가. 아마도 할

아버지나 아버지 세대가 겪은 군대 이야기. 사회에서 이슈로 다루어지는 수많은 군 관련 사건·사고. 군의 폐쇄성이 비빔밥처럼 이리 섞이고 저리 섞여 어떤 모호한 이미지로 탄생했을 것이다. 공포는 미지에서 온다. 미지는 해결되지 못하므로 공포는 성장한다. 그 끝에 입대가 있다. 입대는 거대한 단절. 아들이 손에 닿지 못하는 곳으로 떠난다는 공포가 어머니의 걱정을 증폭시키고, 포화된 걱정이 말 대신 눈물로 표현되는 것이리라.

입대란 사건은 어머니와 아들을 절벽 끝에 세운다. 깊은 계곡 너머 건너편 땅이 보이지만, 유일한 다리는 끊어져 있다. 삶의 연속성이 끊어지는 일은 언제나 힘든 일이다. 사람 혹은 환경이 좋고 나쁨의 문제가 아니다. '끊어짐'이 문제다. 그래서 요즘 군대 편해졌다는 말을 들을 때면 마음이 불편해진다. 감정의 원천은 들여다보지 않고 자신의 잣대를 타인에게 들이미는 행위로 생각돼서이다.

마음이 강하다고 '단절'의 감정을 버틸 수는 없다. 겉으로 태연한 척하더라도 무의식 어딘가에는 곪은 상처가 방치되어 있을 테니. 그렇기에 단절은 공평하다. 누구에게나 힘든 일이기 때문이다. 특히 입대라는 최초의 단절은 군 생활 전체를 놓고 보아서도, 개인의 일생을 놓고 보아서도 매우 중대하다. 그것은 이를테면 완전히 통제 불가능한 영역으로 넘어가는 일이기에. 이때 단절이 주는 상실감이란 바닥 없는 무저갱으로 떨어지는 일과 같다.

그러므로 '모두가 가는 군대인데 너무 과한 걱정'이라는 말은 도움이 되지 못한다. 요즘 군대가 편해졌다는 말도. 일과 후 휴대전화를 사용한다는 말도. 얼차려가 없어졌다는 말도 힘을 상실한다. 타인이 주는 모든 위로가 사실상 효력을 잃는다. 단절이 주는 상실감은 오로지 스스로 극복해야 하기 때문이다. 사실을 설명해서 위안이 된다면 천 번 만 번이라도 사실을 말할 수 있다. 그러나 사실만으로 마음을 채울 순 없다. 어머니와 훈련병의 마음속 공허는 그런 것으로 채울 수 있는 게 아니다. 다른 무언가가 필요하다.

나는 고민한다. 입대의 슬픔을 완화할 무언가를 끝없이 찾는다. 눈물의 연결고리를 차단할 방법을 계속 모색한다.

떨어지는 이슬이 끝내 바위를 뚫듯. 반복되는 입대와 어머니의 눈물은 내 마음속에 균열을 만든다. 갈라진 틈으로 스며든 어떤 씨앗에서 생각이 흘러나온다. 이를테면, 부대를 대표하는 대대장이 이런 고민을 하고 있다는 사실 자체가, 어머니와 훈련병의 공허를 조금은 채울 수 있겠다는 생각 말이다.

아들을 맞이하는 부대원 모두가 어머니와 아들의 단절을 이해한다. 이는 확실하다. 나를 포함한 모든 부대원이 똑같은 단절을 겪었으므로. 그 단절을 개인의 문제로 치부하지 않는다. 그것은 우리가 함께 풀어나가야 할 숙제다. 그러므로 어머니는 혼자가 아니다. 입영하는 아들 또한 혼자가 아니다. 그 옆에 교관과 조교가 나란히 서 있고, 대대장이 있다. 어깨동무하며 걸어가는 동료 훈련병이 있다. 수백 명이 함께인 셈이다.

생각을 달리하니 풍경이 다르게 보인다. 어머니와 아들이 있다. 둘 사이에 말은 없지만 감정이 오간다. 둘러보니 교관과 조교의 붉어진 눈시울이 보인다. 뒤에 늘어선 차에서도,

내 마음에서도 붉어진 무언가가 튀어나온다. 붉은 그것들은 조금씩 모여들더니 어느새 커다란 감정의 뭉게구름을 만들고. 구름 속에서는 천둥을 상실한 번개가 번쩍인다. 모두가 침묵하고 있음에도 마음이 섞이고 얽히는 기이한 현장. 오늘은 분명 서로가 서로를 맞이하는 날이다.

입대하는 날

# 3

---

# 입대 직후

---

# 낯선 세계와의 조우

지휘관

입대가 끝나고 부모님 차가 모두 빠져나가면, 강당에는 청년들만 남는다. 잠시 흐르는 적막. 중대장이 단상으로 올라가 마이크를 잡는다. 제대로 된 첫 대면이다. 검정 모자를 푹 눌러쓴 중대장은 건조하면서 단호하게 청년들이 알아야 할 사항을 설명한다. 청년들은 얼어있고, 빨간 모자 조교들은 대열을 돌아다니며 간단하게 몇 가지 정보를 파악한다. 가끔 아픈 청년이 있다. 의무요원이 대기 중이므로 그런 친구들은 바로 진료를 받는다.

차가운 바람이 강당을 휘감는다. 나름의 이유로 각자의 마음은 드러나지 않는다. 청년들은 묻고 싶은 것이 많지만, 처음이라 쉽게 물어보지 못한다. 이런 걸 물어봐도 되는지.

물어봐서 한소리 듣는 것은 아닌지. 고문관으로 낙인찍히는 것은 아닌지 생각하다가 결국 처음의 의문을 잃어버린다.

한편 교관과 조교들도 묻고 싶은 것이 많다. 그러나 수많은 질문을 삼킨다. 그런 이야기를 나누기엔 시간이 부족하다. 입대가 끝난 지금은 오후 세 시. 강당에서 생활관을 배정하고, 유의 사항을 알려주고, 이동해서 생활관으로 들어간 다음 바로 식사 준비를 해야 하기 때문이다. 사람과 사람이 만났을 때 서로를 이해하기 위한 대화는 필요하지만. 오늘은 적절한 시기가 아니다. 내일로 미뤄둘 수 없는 많은 일을 해야 하기 때문이다. 이러저러한 이유로 강당은 고요하다. 공기 중에는 건조한 안내와 응답만이 맴돈다.

이제 신분전환의 시간이다. 청년은 병무청 직원 앞으로 가서 '나라사랑카드'를 보여준다. 카드가 기계에 태그된 순간, 청년은 민간인에서 군인으로 바뀐다. 칼로 무 자르듯 간단하게 바뀌는 신분이 조금 껄끄럽다. 마음은 아직 사회에 걸쳐 있으나, 카드 찍을 때 나는 태그 소리는 그런 여운을 무자비하게 잘라 낸다. 내게 이 소리는 언제나 슬프게 들린다.

강제로 잘린 마음의 단면이 느껴져서다. 매끄럽지 못한 울퉁불퉁함이 못내 아쉬워서다.

　청년은 주섬주섬 짐을 챙겨 자리를 옮긴다. 고개를 좌우로 돌려봐도 온통 모르는 사람뿐이다. 망망대해에 외로이 떠 있는 섬처럼. 주위는 분명 무언가 들썩이고 있으나, 모두가 숨을 죽이고 있는 기이한 풍경. 청년의 얼굴에는 안도의 감정이 스친다. 주변 사람들 모두 청년과 같은 얼굴을 하고 있기 때문이다. 이십여 년간 전혀 모르던 사람들. 우연히 같은 시간과 공간에 있다가 관계의 끈으로 얽힌다. 처음이기에 우왕좌왕은 당연하다. 누군가 상황을 정리해 주었으면 좋겠다는 생각이 들 때쯤 조교가 다가온다. 청년은 괜스레 걱정한다. 입대 전에 보았던 영화나 드라마 그리고 아버지나 형들에게 들었던 조교에 관한 이야기가 떠올라서다. 조교는 딱딱한 어조로 훈련병들에게 지시한다. 짐을 챙겨 대열을 갖추라고. 생활관으로 이동할 준비가 되었다고. 이 말을 끝으로 조교와 훈련병들은 한 덩어리가 되어 생활관을 향해 걷는다. 아직 제식훈련을 받지 않았으므로 대열은 엉망이다. 아직 서투른 서로의 관계만큼이나.

육군훈련소와는 달리, 사단 신병교육대대는 한 번에 약 200여 명이 입대한다. 이들은 중대라는 제대에 소속된다. 중대는 다시 소대로 나뉘고, 소대는 분대로 나뉜다. 분대는 1개 생활관을 함께 쓴다. 여기에 소속된 인원은 대략 열다섯 명 정도이다. 이제 청년은 생전 처음 보는 열네 명의 동기들과 거의 6주간을 지내게 된다. 불편한 게 당연하다. 칸막이 하나 없는 곳에서 사생활이 완전히 노출된 채 지내야 하기 때문이다. 집에서도 이러지는 않을 거란 생각을 하며 들고 온 짐을 하나둘씩 꺼낸다. 잠시 뒤 조교가 들어오고. 몇 가지 규칙을 설명한다. 청년은 듣고 생각한다. 그리 어려울 것 없는 규칙이라고.

같은 시간, 교관과 조교는 무척 바쁘게 움직이고 있다. 오늘 잠자리에 들기 전, 확인하고 파악해야 할 것이 많아서다. 게다가 저녁 식사 시간이 임박해 있다. 그들은 시간의 압박을 시시각각 체감하며, 최대한 효율적으로 움직인다. 교관은 방송으로 통제한다. 조교들은 생활관을 돌아다니며 건강상태와 신체 치수를 조사한다. 그렇게 훈련병의 신상정보를 하나하나 파악해 나간다.

다행히 치수에 구애받지 않는 품목들. 치약이나 칫솔, 세면도구 같은 품목은 사물함에 미리 준비해 뒀다. 조교는 끊임없이 생활관을 돌아다니며 무언가를 확인하고 교관과 소통한다. 창고로 들어가 파악한 치수에 맞는 군복과 군화를 꺼내는 조교들. 훈련병들이 치수에 맞게 가져갈 수 있도록 강당에 진열한다. 그들의 이마에 맺힌 땀방울이 뺨을 타고 턱까지 흘러내린다. 석양의 햇살에 반사된 그들의 땀방울이 빛난다.

조교들이 생활관과 창고를 오가던 그때, 환자가 발생한다. 한 훈련병이 호흡곤란을 일으켰다. 교관이 곧바로 달려가 상태를 확인하고, 건물 안에 있는 의무실로 데려간다. 병명은 과호흡이다. 갑작스럽게 변한 환경 때문에 과도한 긴장이 발생하고, 호흡에도 영향을 미치는 병. 생명에 지장은 없다. 그러나 교관은 과도하게 대처한다. 절대 가볍게 생각하지 않고 군의관과 간호장교에게 묻고 또 묻는다. 훈련병이 조금 진정이 되면 따로 데려가서 대화를 나눈다. 필요하면 어머니와 통화까지 한다. 대부분 심리적인 이유다. 시간이 지나 조금 진정된 훈련병이 생활관으로 돌아간다.

군에 다녀오신 분들은 이렇게 생각하기 쉽다. 남자가 나약하게 들어가자마자 그러냐고. 육체적으로 힘든 훈련을 시작조차 하지 않았음에도 벌써 꾀병을 부리느냐고. 나는 이런 생각에 동의하지 않는다. 입대 첫날은 수십 년의 인생에서 첫 단절을 겪는 날이다. 겉보기에 아무렇지 않다고 해서 속까지 멀쩡한 건 아니다. 내가 본 99%의 훈련병은 군 복무를 잘해보고자 하는 의지가 있다. 그러나 그들 마음 한 구석에는 두려움도 있다. 다만 그걸 어떻게든 숨기고 있을 뿐이다. 1%의 훈련병은 겉으로도 힘들어한다. 그러나 이는 꾀병이 아니다. 단절의 두려움이 겉으로 드러난 것이다. 그렇기에 병이다. 이 병은 불치병이 아니기에 반드시 치료할 수 있다. 이때 같은 상황에 부닥친 수많은 훈련병, 특히 생활관 동기들이 회복에 큰 도움을 준다. 어려운 일을 같이 해주고, 거들어주고, 응원해 주면서 끝까지 함께 한다.

어느덧 저녁이다. 생각보다 괜찮은 식사를 하고, 씻고, 청소한다. 물론 모든 일이 처음이라 조교가 옆에서 상세하게 설명한다. 강당에서는 군복과 군화 받는 일이 계속 이어진다. 몇 가지 확인이 거듭되고. 몇 명의 환자가 의무실을 오고 간 후에야 취침시간이 찾아왔다. 이제 훈련병들은 어색한 자세로 군용 매트리스 위에 눕는다. 그들은 취침 나팔을 들으며 저마다의 공상에 빠진다. 입대 전에 먹었던 소고기를 생각하며. 헤어짐의 아쉬움에 눈물을 흘리던 여자친구를 생각하며. 그러다 어머니의 눈빛을 생각하며 자신도 모르게 잠이 든다. 모두의 첫날이 이렇게 지나간다.

입대 직후

# 엄마 참 가관이다

엄마

### 사라지지 않는 1

"엄마, 피곤해? 내 말 좀 들어주면 안 될까?"

　눈만 마주치면 웃고 장난치며 안아주는 우리 모자는 전생에 서로 원수였는지도 모른다. 억겁의 시간 동안 원한이 쌓인 끝에 드디어 이생에서 모자 관계로 환생한 것일까? 나는 가끔 아들을 향한 무한 사랑을 전생과 연결 지어 상상해 보곤 한다. 그렇기에 이제 막 초등학생이 된 아들의 느닷없는 질문을 듣고 당황할 수밖에 없었다. 나보다 더 아들의 말을 열심히 들어주는 엄마가 없을진대 말이다. 몹시도 의아해하는 엄마의 표정에 아들이 덧붙인 말. 말이 하고 싶다는 것이었다.

문제의 그날, 정확한 상황은 기억나지 않지만, 이거 하나만큼은 기억한다. 자려고 누웠던 아들이 좀처럼 잠들지 못했다. 그래서일까. 늦은 밤, 아들은 엄마에게 수다를 청했다. 그날의 수다가 기억나질 않는 걸 보면 생각나는 대로 쏟아낸 횡설수설이었음이 틀림없다. 요컨대 아들은 '말한다'는 행위 자체를 그저 엄마와 나누고 싶었던 것이었다. 내 아들은 어릴 때부터 수다쟁이였다. 친구가 놀러 온 줄 알고 방문을 열었다가 혼자 장난감을 가지고 놀면서 이야기하고 있는 모습을 본 적도 여러 번 있으니.

"요즘 누가 전화를 해요, 카톡으로 대화하지."

문자보다 목소리로 안부를 더 궁금해하던 나도 언제부터인지 목소리보다 문자 대화를 더 많이 하는 엄마가 되었다. 핀잔을 주던 자식들의 눈치가 한몫했을지도 모른다. 카톡 메시지에 오랜 시간 사라지지 않는 '1'은 차단을 의미하기도 한다는 것도 자식들에게 배웠다. '읽씹'이 나쁜 건지, 이유도 모르고 당하는 '차단'이 나쁜 건지는 잘 모르겠지만 분명 두 경우 모두 씁쓸하다. 하지만 그때는 몰랐다. 읽고 싶어도 읽을 수 없는, 듣고 싶어도 들을 수 없는 강제 차단에 의한 단절은 더욱 씁쓸하다는 사실을. 그리고 수다쟁이 아들과 아들 바라기 엄마는 씁쓸함마저 넘어선 무미건조한 시기를 묵묵히 견뎌내고 있음을.

훈련소에 있는 아들에게 매일 아침 굿모닝 안부를 물었다. 1이라는 숫자가 사라지지 않는, 사라지는 게 더 이상한 안부 인사를 건네는 일이 기상 루틴이 되었다. 2월 7일 입대 후 8일부터 3월 15일 수료식 날 아침까지, 아들과 떨어져 지낸 35일의 기상 중 수료식이 있던 화요일 직전의 일요일과 월요일 이틀을 제외하고 총 34일 동안 대답 없는 기상 안부를 남겼다.

'굿모닝, 아들♡', '민아, 잘 잤어?'로 시작하는 일상적인 인사부터 오늘도 무사히 지내기를 바란다거나, 보고 싶고 사랑한다는 인사까지. 혹시 매일 하는 인사가 지루하게 느껴질까 봐 이모티콘도 매번 다른 '굿모닝'으로 바꿔가며 보냈다. 엄마의 아들 사랑이 좀 과하다는 생각도 들었지만 그래야만 엄마는 하루를 시작할 수 있었다. 그때의 나는 분명 그랬다. 당연히 남편과 딸들에겐 숨겼다. 왠지 미안한 마음이

들기도 했고, 있을 때 잘해주지 왜 이제 와서 청승을 떠냐는 핀잔을 듣기도 싫었기 때문이었다. 어쩌면 나는 시종일관 이말이 하고 싶었던 건지도 모른다.

'아들아, 1이 사라지는 날, 건강하게 만나자.'

## 훈련소에서의 디지털 소통

밴드 알림은 중대장의 채팅 글을 시작으로 밤낮으로 울려댔다. 훈련소 울타리 안에서 아들과 함께 있는 그의 한 마디에 모두가 주목했다. 끝도 없이 달리는 댓글과 대댓글.

가관 可觀

①경치 따위가 꽤 볼만함

②꼴이 볼만하다는 뜻으로, 남의 언행이나 어떤 상태를 비웃는 뜻으로 이르는 말

밴드 채팅창의 모습은 국어사전 ①에 해당한다. 아들들의 소식을 전해주거나 궁금증을 풀어주는 중대장의 글과 부모님들의 감사 댓글은 아름다운 경치를 보는 듯했다.

반면 시간이 지날수록 내 마음은 뾰족해졌고 급기야 ②가 되어 자신을 공격했다. 특히 포상 전화를 받았다는 글을 보면 부러웠고, 다른 엄마들이 친밀하게 대화하는 모습을 보면 소외감마저 들었다.

어떤 날은 초등 1학년 학부모 모임방에 와 있다는 착각에 빠지기도 했다. 초등 1학년 학부모 모임은 자녀에게서 듣지 못했던 학급에 대한 여러 가지 정보를 알게 되는 경우가 많다. 비슷한 맥락에서 나는 밴드 채팅창에 공유되는 다른 아들들의 짧은 이야기를 통해 내 아들의 생활관과 동료 훈련병들의 분위기를 가늠해 보고자 애썼다. 보이지 않지만 다 보고야 말겠다는 의지, 참 가관이다.

생각해 보면 신기한 일이다. 살던 곳도, 하던 일도, 배움의 정도도, 체력 수준도 다 다른 훈련병들이 훈련소에 모여 교육훈련을 받고 집단생활을 하며 전우애를 키우는 동안, 사는 곳과 업이 제각각인 부모들은 아들이 훈련병이라는 공통점 하나로 밴드라는 공간에 모여 동지애와 같은 연대감을 형성하고 있다니. 평행이론이 따로 없다.

이름이나마 마음껏 불러보겠다는 의지로 아들에게 인터넷 편지(인편)를 쓰기 시작했다. 방식은 간단하다. 스마트폰의 플레이스토어에서 '더 캠프'앱을 다운로드 받고, 온라인 지면에 작성하면 훈련소에서 출력해 나눠준다. 인편을 읽는 시간 동안 훈련병들은 고된 훈련의 피로를 푼다고 하니 우리 가족은 애인 없는 아들에게 애인 대신 매일 인편을 썼다. 둘째 딸은 핸드폰을 사용할 수 없는 동생을 대신해 동생의 인스타그램 계정에 접속하여 친구들에게 인편 보내기를 독려했다. 요즘은 다들 그렇게 한다나.

처음 접속한 날은 '동화교육 기간'이라는 문구가 떴다. 그 옆에 따라붙은 까마득한 숫자 하나가 눈길을 사로잡았다. 남은 군 복무기간이 표기된 숫자다. 매일 카운트 다운되는 그 숫자를 보니 현기증이 났다. 엄마인 나조차 이럴진대 훈련병의 마음은 어떠할까? '국방부의 시계는 거꾸로 매달아도 돌아간다.'라는 말에 웃었던 시절이 있었는데 이제는 그 말에 웃지 못하는 사람이 되었다. 앱을 여는 누군가는 식단표가 제일 눈에 띈다고 했다. 엄마라면 누구나 그랬을 테지만 나는 군에 사랑하는 남자 친구를 보낸 애인 마냥 매일매일 변화하는 숫자에 민감했다. 하루하루 줄어드는 일의 자리, 십의 자리…. 그리고 백의 자리 숫자가 다이어트를 시작하면 내 아들은 다시 내 품으로 돌아오겠지만 그날이 도대체 오기는 하는 것인지. 나는 기약 없는 '언젠가'가 너무나 힘들었다.

어느 날 중대장이 밴드에 소식을 전했다. '더 캠프'에 아들들의 사진을 올려 두었다고 했다.

사진 한 장엔 다섯 명의 아들이 웃고 있었다. 부모님을 안심시키기 위해 분명 최대한 밝은 표정을 지으라고 지시했을 것이다. 그러지 않고서야 어찌 이리 천편일률적으로 환한 미소를 보일 수 있을까? 어쨌든 모두가 웃고 있었고 그중 우리 아들의 동그란 얼굴이 낯설 정도로 듬직해 보였다. 군복 입은 아들 모습을 처음 본 순간이었다. 혹시나 보일 수도 있는 얼굴의 미세한 근육 하나까지 살펴보겠다는 일념으로 사진 속 아들 얼굴을 확대했다. 눈동자에 슬픔이 담겨 있지는 않은지, 여드름 개수가 늘어난 건 아닌지, 살이 빠지지는 않았는지, 군복은 몸에 맞는지. 눈으로 볼 수 있고 엄마만이 느낄 수 있는 모든 것을 총동원해 아들을 살폈다. 아들 탐색이 끝나고 나니 비로소 사진 속 동료들 모습이 눈에 들어왔다. 다시 탐색 시작. 누가 까칠해 보이는지, 나이는 많아 보이는지 등. 쓸데없는 추측이 난무한 가운데 결론은 언제나 내 아들이 제일 순해 보이고 여려 보이지만 믿음직해 보인다는 '근거 없는 자신감' 바로 그것이었다.

엄마 눈에 씌워진 콩깍지는 한 마디로 가관이었다. 하지만 그 콩깍지는 언제나 내 힘든 양육의 원동력이었다. 콩깍지가 있었기에 힘든 시기를 버틸 수 있었음을 기억해 내고 나니, '가관'이 나쁜 것만은 아니란 생각이 들었다.

# 4

---

# 첫 전화 통화

# 잘 지내리라 믿는 용기

엄마

**ready**

하루....이틀....사흘.... 그리고.

아들이 입대하고 네 번째 밤이다. 내일은 아들이 훈련소에서 맞이하는 첫 주말이자 첫 번째 전화 통화 날이다. 밴드에선 내일 있을 전화 연결에 대한 몇 가지 안내 사항과 당부의 말들이 공지됐다. 중대장의 가장 큰 당부는 모르는 번호라도 이날만은 꼭 받아 달라는 것이었다. 1생활관부터 전화를 시작하게 되지만, 이동 시간이 있기에 정확한 시간을 알려줄 순 없고 받지 못했다고 다시 통화할 기회가 있을지 장담할 수 없다고 했다. 게다가 훈련소에서는 부모님께 먼저 전화를 드리라고 훈련병에게 당부하지만, 매번 애인에게만 전화하는 훈련병이 꼭 나온단다. 매일 과제처럼 인편을 쓸 때 애인 없는 아들이 못나 보이더니 또 이럴 땐 다행인가 싶기도 했다. 입대 전, 나라사랑카드에 비상금을 넣어 줬으니 전화통화에는 문제가 없을 것이다. 기억해야 할 것은 주어진 5분을 잘 활용해야 한다는 사실.

"우리 엄마 MBTI 검사할 필요도 없이 J지!"

나는 우리 가족 모두가 인정하는 판단형(J형) 엄마다. 통화 시간 5분을 최대한으로 활용해야만 하는 나는 곧장 책상으로 향했다. 노트를 펼치고 펜과 머리를 굴렸다. 제목은 <민이에게 물어볼 것들>. 신나게 번호를 붙여 나갔다.

1번. 몸 상태 묻기(다리는 괜찮은지, 아픈 데는 없는지)

2번. 분위기 묻기(생활관 분위기는 좋은지, 동기들과는 잘 어울리는지, 조교나 교관들은 착한지)

3번. 의식주 묻기(잠자리가 불편하지 않은지, 코를 고는 사람은 없는지, 식사량과 시간은 충분한지, 군복과 신발은 맞는 게 지급되었는지)

4번. 필요한 것 묻기(택배로 보내줘야 할 물건이 있는지)

5번. 인터넷 편지 물어보기(언제 출력해서 주는지, 매일 주는지, 많이 보내면 싫어하는지)

그리고 또....

깜박 잠이 들면 생각나는 질문들에 일어나 앉기를 반복하다 보니 긴긴밤이 흘러갔다. '루리' 작가의 《긴긴밤》에서는 흰바위코뿔소 '노든'의 고통과 두려움으로 점철된 기나긴 밤이 등장하지만, 아들과 첫 전화 통화를 기다리는 나의 긴긴밤은 희망과 기대의 설렘으로 가득찬 긴긴밤이었다. 아들 목소리를 떠올리기만 해도 목이 메일 정도로 눈물 많은 나는 내일은 절대 울지 않으리라. 5분밖에 없으므로, 그 귀한 5분을 울다 속절없이 낭비하면 아니 되므로 내일은 울지 않겠노라 밤새 다짐했다.

**set**

망했다.

오픈북 시험이라 요점 정리 노트를 볼 수 있었는데, 깜박하고 맨몸으로 고사장에 입실해서 시험을 봤다. 고사장을 나와보니 가방 속에서 덩그러니 울고 있는 슬픈 노트.

아, 슬픈 J형 엄마여.

혹시나 잊어버릴까 봐 노트를 핸드폰 바로 아래 놓아두었건만 아들 전화일지도 모르는 번호를 확인하는 내 눈에는 핸드폰 액정 화면 외에는 그 어떤 것도 눈에 들어오지 않았다.

"엄마~~~!", "민아~~!"

서로를 확인하는 순간 밤새 머리 굴려 적어둔 메모는 생각지도 못하고 핸드폰만 챙겨 방으로 피신했다. 누가 보는 것도 아니고, 누가 놀리는 것도 아닌데 아들의 목소리를 듣는 순간 며칠에 걸쳐 굳게 다짐했던 것들은 온데간데없이 사라지고, 왈칵 눈물만 쏟아졌다. 그러는 사이 아들의 아빠는 황급히 아내를 쫓아 왔다. 아들의 선택이 아빠가 아니라 엄마였다는 사실 하나에 의기양양해진 나는 스피커폰으로 아들의 목소리를 나누어 주었다. 시간이 별로 없어서 대화하다가 끊어질 수도 있다는 우려의 말을 시작으로, 헤어진 지 일주일도 되지 않는 우리들의 대화는 마치 그 옛날 이산가족이 전화로 가족임을 확인하던 그 순간의 긴장감과도 비슷했으리라고 감히 짐작해 본다. 아직 본격적으로 훈련이 시작된 것은 아니라 신체적으로 힘들진 않다고 했다.

다만 어두워지면 창밖으로 보이는 아파트 불빛이 자신의 처지와 너무나 다르게 느껴져 힘들다고. 끊임없이 나는 왜 이 자리에 있는가를 의식한다고. 까까머리 동기들의 머리조차 가까이 보는 것이 이상하기만 하다고.

나는 누가 들을세라 목소리를 낮춰 조용히 물었다.
"너를 괴롭히는 동기나 조교들은 없어?"

이 얼마나 웃긴 질문인가. 있다고 한들 내가 해결할 수 있는 것은 없는데 말이다. 하지만 이십 년 이상 나와 함께 살아온 아들은 정답을 잘 알고 있었다. 모두가 좋은 사람들 같다고. 서로 도와준다고.

애당초 질문지는 필요치 않았다. 헤어져 지낸 며칠 동안 엄마의 가슴은 아들을 향한 걱정과 그리움으로 수많은 질문을 새겨놓고 있었으므로. 통화 종료 시간이 다 되었음을 알리는 목소리가 쩌렁쩌렁 울리고 왠지 다급한 아들의 목소리.

"엄마, 나 걱정하지 마. 사랑해."

아직 1분여가 남았는데 아들은 줄 서서 대기하는 친구들이 있다는 말로 황급히 통화를 끝내려고 했다.

'잘 지내지 못하고 있구나, 내 아들.'

잘 지낸다는 말과 달리 미세하게 빨라지고 떨리는 아들 호흡. 창피해서 화장실로 달려가고 있을 아들과의 첫 전화 통화는 억눌린 눈물의 상봉이었다.

### go

'장폴 사르트르'는 인생을 일컬어 B(Birth)와 D(Death) 사이 C(Choice)의 연속이라 했다. 내가 조금 더 현명한 사람이었더라면 선택하는 일이 쉬웠을까? 선택엔 책임이 따른다. 책임을 지기 위해서는 용기가 필요하다. 인생이 선택의 연속이라니 책임감은 강하지만 용기가 없는 내게 인생의 많은 순간이 힘든 건 어쩌면 당연한지도 모르겠다. 아이 셋을 키우며 학부모로 살아간 기간을 돌이켜 보았을 때, 아이들의 초중고 학령기 시간은 엄마인 나에겐 하나의 선택을 위한 갈등의 연속이었고 그 선택은 늘 후회를 남겼다. 돌아봐서 후회가 남았다면 이후의 같거나 비슷한 상황과 마주했을 땐

반대의 선택을 해야 함에도 나는 매번 갈등했다.

물론, 여전히 명확한 답을 알지는 못한다. 아이를 학원에 보내는 것과 스마트폰 구매 시기나 사용 시간 등에서 특히 그랬다. 그리고 스마트폰 사용 통제는 군에 아들을 보낸 시점에도 오락가락 생각의 양 끝단을 달리고 있다. 어떤 날은 스마트폰과 물아일체가 된 아들이 훈련소에서 스마트폰 금단 현상을 잘 극복해 내길 바라며 군의 스마트폰 사용 통제를 강하게 옹호하기도 하고, 또 어떤 날은 부모와 사회와의 단절에서 오는 외로움을 없애야 한다는 생각으로 아들과의 관계를 차단해 버리는 훈련소의 휴대전화 사용 통제를 강하게 비판하기도 한다.

가만 생각해 보니 내 갈등은 훈련소의 통제가 문제는 아닌 것 같다. 스마트폰을 적절히 사용할 수 있다는 아들의 말을 믿지 못했던 건 아닐까? 사랑한다면 믿음과 신뢰를 주고 기다릴 줄 알아야 한다. 잘 지내고 있고, 보고 싶지만 견딜 수 있다는 아들의 말을 나는 이제 그대로 믿기만 하면 된다.

# 전화부스에서 울먹이는 누군가

지휘관

시간은 느리게 간다. 고등학교를 졸업하지 않은 상태에서 기초군사훈련에 입소한, 나 같은 사람에게는 특히나 그랬다. 낯선 공간, 낯선 이들과의 생활은 나를 예민하게 만들었고, 위험에 직면한 고슴도치처럼 가시를 세우게 했다. 감각마저 혼란을 겪는다. 눈에 보이는 모든 것이 이상했고, 귀에 들리는 모든 것이 어색했다. 모두가 나에게 무관심했지만, 마음은 그 사람들의 외면을 '서늘한 시선'으로 번역했다. 그래서일까. 폭설이 내린 어느 날, 훈련 끝나고 난로 앞에 앉아 불을 쬐고 있는데도 오들오들 떨었던 이유가. 돌이켜보면 학창시절에도 새로운 상황을 맞이할 때가 종종 있었다. 중학교에서 고등학교에 입학한다거나, 학년이 올라갈 때마다 반이 바뀌어 새로운 친구들을 만난다거나 하는 것들.

---

하지만 훈련소 경험이 이것과 근본적으로 다른 이유. 완전히 혼자라는 느낌을 받기 때문이다. 수많은 사람 틈바구니에 끼어 있지만, 이들은 망망대해. 나는 무인도에 떨어진 '로빈슨 크루소'였다. 세상으로부터 격리되고, 가족과 단절된 기분이란 뭐랄까. 열아홉의 나로서는 심해로 빨려 들어가는 것 같았다.

시간은 거꾸로 간다. 훈련 끝나고 어머니와 처음 통화하면서 느꼈다. 불과 5분 정도였지만 수화기 너머 어머니의 울먹이는 숨소리가 마음속 시계태엽을 거꾸로 돌린다. 사실 말랑한 전화카드를 무뚝뚝한 철제 전화기에 끼워 넣을 때까진 괜찮았다. 이상함을 감지한 건 번호를 누르기 시작하면서부터였다. 손가락 끝에 땀이 고이고, 금속제 번호판 위 음각된 숫자에 땀이 흐른다. 전화기마저 긴장한 걸까. 손가락은 몹시 더디게 번호를 누르고, 이어지는 따르릉 소리에 긴장한다.

"여보세요?"

수화기 너머로 익숙한 목소리. 아니 본능에 각인된 목소리가 들린다. 훈련소 생활로 감각이 예민해진 고막은, 소리를 따라온 물기를 읽어낸다. 미리 할 말을 생각해뒀지만 입은 통제를 거부한다. 적막이 흐르고, 추억이 적막을 가로지른다. 시간을 되돌리는 기분이 이런 걸까. 태엽을 순식간에 감아버린 듯. 나는 기억이 허락하는 범위까지 과거로 돌아가고, 어머니와 함께한 순간을 느릿느릿 떠올린다. 태엽이 천천히 풀리는 것처럼. 얼었던 내 혀도 스르르 녹고. 간신히 어머니께 대답한다. 그렇게 이 순간은 내 마음속에 영원히 닻을 내렸다. 그러므로 훈련병들이 가족과 처음으로 통화를 하는 날은 소중하다. 서로의 사랑이 각인되는 날이기 때문이다.

입대 후 첫 주말. 오늘은 훈련병들이 처음으로 공중전화를 사용하는 날이다. 생활관의 들썩임이 귓가에 들리는 것 같다. 내가 그랬듯 그들 또한 통화목록을 정리해두었을 것이다. 대화 나눌 주제나 다른 가족의 안부를 묻는 대화 또한 생각해 뒀을 것이다. 아직 본격적으로 훈련에 돌입한 것은 아니지만 훈련소에서 나가고 싶다고 떼를 쓰는 사람도 있을 것이고. 훈련소 밥이 맛이 없다며 수료식 날 여러 음식을 싸 오라고 부탁하는 사람도 있을 것이다. 어떤 이는 여자친구에게 먼저 전화해서 앞서 언급한 것들을 부탁하기도 할 것이다. 수백 명의 훈련병만큼이나 다양한 수백 가지의 대화들. 나는 공통점을 생각한다. 그것은 아마도 이렇게 요약되지 않을까 싶다.

'보고 싶다'

모든 게 계획한 대로 돌아가면 좋겠지만. 아쉽게도 인생은 그리 호락호락하지 않다. 훈련병들이 가족과 통화하는 광경만 봐도 그렇다. 그 어떤 말을 준비해도, 수첩에 할 말을 한가득 적어뒀더라도. 어머니와 첫 통화하는 순간은 누군가 '일시 정지' 버튼을 꾹 누른 듯 멈춘다. 가끔 시간의 흐름이 왜곡되기도 한다. 몸은 전화부스에 있으나 마음은 타임머신을 타고 어린 시절로 돌아가서 그때 보지 못한 것들을 본다. 이를테면 젊은 엄마가 열이 펄펄 끓는 여린 몸을 업고 병원으로 달려가는 장면. 목욕탕에서 젊은 아빠가 여린 몸과 함께 온탕에 들어가고 서로의 등을 밀어주는 장면. 놀이터에서 놀다가 친구들에게 둘러싸여 괴롭힘당하고 있는데 누나가 등장해서 그들을 쫓아내는 장면. 그리고 그동안 스쳐 지나갔던 무수히 많은 순간이 그렇다.

대화가 오가지 않는 상황에서 숨소리끼리 속삭이는 일도 있다. 사실 많다. 어머니의 마음은 에베레스트산처럼 높이 쌓여 있으나, 휴대전화 음성 수신 통로는 바늘구멍이니. 목소리는 옴짝달싹할 수 없다. 한편 아들의 마음은 마리아나 해구처럼 깊이 퇴적되어 있으나, 공중전화 수화기 통로는 개미 한 마리 지나가지 못하는 구멍이니. 목소리는 전화부스 내부에 고일 수밖에 없다. 서로에게 연결된 보이지 않는 실이 조금 더 두꺼우면 좋으련만. 육중한 말은 바늘구멍을 통과하지 못한다. 그러니 숨소리만 전해질 수밖에.

통화를 계속하면 좋겠지만, 아쉽게도 시간은 제한되어 있다. 필연적으로 시간의 농도가 짙어질 수밖에 없다. 이건 훈련병들도 알고, 수화기 너머 가족들도 안다. 이런 제약이 서로를 더욱 그리워하게 만든다. 서로에게 연결된 선은 온라인이 아니기에 다시금 단절에 대비하기 위해 꼭 필요한 말을 해야 한다. 대체 어떤 말을 해야 하는 걸까. 어머니와 첫 통화를 하고 이십여 년이 지난 지금까지도 답을 찾지 못했다. 과연 어머니와 아들의 마음을 온전히 담아낼 공통의 '언어'가 존재하기는 할까? 잘 모르겠다. 사람은 백인백색이니, 각자 살아온 삶의 맥락에 따라 다양한 언어가 있으리라 막연히 생각해본다.

　나는 오늘도 수많은 훈련병의 모습을 지켜본다. 첫 전화 통화를 앞둔 설렘. 전화가 연결된 직후의 적막과 머뭇거림. 전화가 끝나기 직전의 아쉬움. 그들의 모습은 지난 몇 년간 지켜본 훈련병의 모습과 같다. 더 나아가 이십여 년 전, 내가 훈련받던 시절의 모습과도 같다. 아마 앞으로도 그럴 것이다. 아직 입대하지 않은 훈련병의 동생. 아직 태어나지 않은 훈련병의 아들까지. 우리는 모습을 달리하며 같은 행동을 반복하고 있는 것인지도 모른다. 서로를 향한 마음이 서로에게 충분히 전해지지 못하여 답답함을 느끼는 것인지도 모른다. 이름 모를 병목현상. 그렇기에 우리는 지금도, 그때도. 서로의 가느다란 숨소리를 벗 삼아 추억을 회상하리라.

　어머니와 첫 통화를 했을 때를 다시 떠올려 본다. 내가 "엄마"라고 답했을 때. 어머니는 이렇게 물으셨다.

　"밥 먹었니?"

그러고 나서 무슨 대화를 나눴는지는 모르겠다. 하지만 전화 끊기 전, 그 다급한 숨소리와 마지막 말은 바로 어제 일처럼 생생하게 떠오른다.

"아프지 말고 밥 잘 챙겨 먹으렴."

세상에 널리고 널린 말 중, 가장 흔하게 사용되었을 법한 이 말이 도무지 마음에서 떨어져 나가지 않아. 나는 그저 멍하니, 전화부스에서 울먹이는 훈련병을 바라본다.

# 5

## 택배 상자

# 꽝꽝 얼어버린 택배상자

훈련병들이 아침부터 분주하다. 택배 상자를 접고, 자신이 입고 온 사복을 고이 접어 넣는다. 맨 위에는 어젯밤 부모님께 쓴 편지가 올려진다. 이게 다가 아니다. 훈련병들은 눈에 보이지 않는 것까지 상자에 담는다. 자신의 체취. 남몰래 흘린 눈물. 곱씹은 가족과의 추억. 입대할 때 입안을 맴돌기만 하고 결국 토해내지 못한 감정. 이런 것들이 공기분자 사이사이를 꽉 채운다. 채워진 것들은 서로서로 꽁꽁 묶은 탓에 움직일 수 없다. 달아나지 못한다. 그렇게 택배 상자 내부는 모든 것이 얼어붙는다. 짭짜름한 맛도. 시간도.

박스 테이프 뜯고 붙이는 소리가 우렁차다. 상자 내부는 이미 얼어붙어 있지만, 훈련병들은 간신히 채워 넣은 것들이 하늘로 날아갈 가능성을 걱정한다. 갈라진 틈을 꼼꼼하게 틀어막는 이유다.

하나의 상자가 완성됐다. 다행히 저울은 상자 안의 무게를 모두 담아내지 못한다. 오직 사복과 편지의 무게만 감지할 뿐이다. 이제 부모님의 집 주소가 적힌 스티커를 붙인다. 훈련병들은 집 주소가 제대로 적힌 것인지 다시 한번 돌아본다. 간혹 생각한다. 혹시 입대한 사이에 이사한 것은 아닐지. 스티커를 붙이는 순간에도, 상자를 창고 앞으로 옮기는 순간에도, 훈련병들은 무엇이 그리 아쉬운지 상자에 무언가를 끊임없이 담는다. 신기한 일이 벌어진다. 상자는 분명 굳건히 포장되어 내외부가 단절되었음에도, 훈련병의 마음속의 무언가가 손을 통해 상자 안으로 옮겨간다. 상자를 내려놓는 순간까지.

나는 창고 앞을 바라본다. 그곳엔 차분하게 정리된 마음들이 차곡차곡 쌓여 있다. 해변에 온 기분이다. 상자에 소금이라도 섞였는지, 바람 속에 짠맛이 녹아 있다. 소금이 눈에 들어가면 매운 게 당연하다. 그러므로 눈시울이 붉어지는 건 필연이다. 아직 택배 이송 차량이 도착하지 않았음에도 나는 그곳에 머무르며 상념에 빠진다.

내가 불순물이란 생각을 해 본다. 훈련병의 순수한 마음에 끼어든 이물질. 이물질은 침투다. 조개는 이물질이 유입되면 이를 격리하고자 탄산칼슘을 분비한다. 그렇게 진주가 탄생한다. 그러므로 나름 합리화를 해보자면, 이물질인 내가 그곳에 계속 서 있는 이유는, 택배 상자가 진주가 되길 바라는 마음 때문이다. 아들의 상자를 보고 눈물을 쏟아낼 어머니들의 감정이, 조금이나마 희석되길 바라는 마음 때문이기도 하다. 한편 아들이 지금 군복을 입고 하는 일이 진주의 탄생과 같이 위대하고 가치 있는 일임을 전하고. 이토록 훌륭한 아들을 군에 보내주신 것에 감사를 표하는 행위이기도 하다.

저울이 결코 담아내지 못하는 상자의 진짜 무게를 나는 안다. 그 과정을 모두 목격했으므로. 나 또한 그 과정에 불순물로써 참여했으므로. 나는 안다. 마음을 가득 실은 차가 떠난 뒤에도. 나는 안다. 훈련병들의 마음 깊은 곳에서 어떤 실타래가 풀렸고, 풀린 실 한 가닥이 택배 상자에 부착되어 있음을. 그건 이를테면 아리아드네의 실이다. 아리아드네가 테세우스에게 건넨 실. 테세우스가 미노타우로스의 미궁에서 무사히 빠져나올 수 있었던 것은 실 한 가닥 덕분이었다지. 차량이 시야를 벗어났음에도 불안하지 않은 이유다.

훈련병들은 저마다의 상상을 품은 채 다음 훈련장소로 이동한다. 그러나 나는 아직 발걸음을 떼지 못한 채, 모두의 염원을 싣고 떠난 트럭을 생각한다.

트럭은 열심히 달린다. 염원들이 어느 커다란 장소에 모였다가 다시 여러 장소로 흩어진다. 짧지만 긴 여행 끝에 드디어 염원이 집 앞에 선다. 조심스럽게 노크를 하니 문이 살짝 열린다. 열린 문틈으로 어머니의 얼굴이 보인다. 염원은 얼굴이 없다. 그러므로 목소리도 없고 표정도 없으며 눈물도 없다. 염원은 속으로 생각한다. 참 다행이라고. 염원은 어머니를 조심스럽게 안아준다. 어머니의 눈에 흐르는 눈물을 닦아주고, 어머니 뺨의 온기를 느낀다. 주저앉는 어머니를 일으켜 세운다. 거실에는 가족들이 모여 있다. 염원은 그곳에 살포시 내려앉는다.

택배 상자

어머니의 눈앞에 상자가 있다. 지구상에 존재하지 않는 물질로 만들어진 외관. 가볍지만 무거운. 물리법칙을 왜곡시키는 무언가가 있다. 어머니는 열지 않고 보기만 한다. 그것이 판도라의 상자라도 되는 것처럼. 판도라의 상자에서 온갖 나쁜 것들이 튀어나왔다지만, 어머니의 마음은 그 나쁜 것마저도 아들의 마음에서 비롯된 것이기에 품으려 한다. 어머니는 그런 마음이다. 그래서 표면만 손으로 만질 뿐이다. 어머니는 타인이 느끼지 못하는 것들을 감각한다. 아들이 암호화시켜 상자 외관에 묻혀 놓은 감정들을, 어머니의 손은 너무나 쉽게 해독한다. 어머니는 번역된 감정을 타고 올라가 근원에 있는 아들의 표정을 보고 코를 비빈다. 지금은 이걸로 충분하다.

며칠 뒤 어머니는 박스테이프를 뜯는다. 놀랍게도 부착할 때의 애달픈 목소리가 똑같이 들린다. 상자를 열었지만, 내부는 움직일 생각을 하지 않는다. 그것들은 고체이기에 날아가지 못한다. 어머니가 내부로 손을 넣는다. 아들의 마음은 그제야 반응한다. 어머니의 마음은 거대한 행성. 측량조차 불가능한 중력에 아들 마음은 속절없이 끌려온다. 어머니는 실 한 가닥을 감각한다. 실은 이어지고 마음은 연결된다.

편지에 쓰인 아들의 문장은 단순하고 명료하며 간단하다. 애써 슬픔을 감추려는 듯. 평소 하지 않던 너스레를 떤다. 괜찮다고. 밥도 잘 나오고 모두가 잘해 준다고. 재밌는 동기들이 많다고. 할 만하다고 글자는 무척이나 건조한 어조로 그렇게 말한다.

그러나 모든 어머니는 아들의 심연을 본다. 글씨체와 어조. 편지지의 접힘. 봉투의 색깔. 우표의 방향. 모든 디테일을 느끼며 아들의 속내를 읽어낸다. 웃음에서 슬픔을. 너스레에서 비틀림을. 즐거움에서 괴로움을 읽는 법이다. 어머니들은 그렇다. 이 지점에서 어머니들은 잠깐 슬펐다가 다시 웃는다. 아들의 변화가 기꺼워서다. 어머니의 번역능력은 정말이지 놀랍다. "수료식 때 웃으며 만나자. 맛있는 것도 잔뜩 먹고."라는 문장을 '그때까지는 무조건 힘들겠지만 어떻게든 이겨낼 테니, 어머니도 너무 걱정하지 마.'라고 받아들인다. 불과 며칠이 지났을 뿐인데, 아들이 한 뼘 정도 자랐음을 체감한다.

불순물인 나는 창고 앞 망부석이 되어 바랄 뿐이다. 상자를 받은 어머니들이 부디 슬픔에 잠겨있지 않기를. 늪에서 허우적거리지 않기를. 간절히 바란다. 어머니의 아들은 어머니의 걱정보다 강하고, 어머니의 우려를 불식시킬 만큼 펄떡인다. 강물을 거꾸로 거슬러 올라가는 힘찬 연어들처럼. 택배 상자는 연어가 되어 기어이 어머니 앞에 도착할 테니.

부디 웃으시길.

# 아들, 돌아오다

엄마

**아들이 돌아왔다, 허물만이.**

아들과 강제 분리된 지 정확히 20일째 되는 날 내 아들이 돌아왔다, 허물만 덩그러니 종이 상자에 담긴 채로.

상자를 문 앞에 두고 간다는 택배 기사님의 문자와 밴드 채팅창의 소식을 동시에 열어 본 나는 세상에서 가장 긴 15분을 달렸다. 차가 막히는 시간대가 아닌지라 15분이면 너끈히 집에 도착할 수 있음에도 이미 설렘으로 두근대던 내 심장이 시곗바늘에 매달렸다. 무거우니 느려질 수밖에. 내 경험상 시곗바늘의 움직임은 일정하지 않다. 심장 박동이 빨라지면 초침은 현저히 느려졌다. 한 번도 사라진 적 없는 내 집 앞 택배 상자가 하필이면 이번이 예외가 될 수도 있다는 불안감에 내 눈알은 바삐 움직였다. 바뀌지도 않는 시계를 보랴, 느려 터진 신호등을 보랴, 요동치는 내 눈알은 불안정한 내 마음 같았다.

아들의 흔적은 상자 위에서 가장 먼저 발견됐다. 꾹꾹 눌러 쓴 주소는 분명 내 아들의 필체다. 이제 남은 건 상자 개봉. 어릴 적부터 맛있는 간식은 아껴 두었다가 가장 마지막 순간에 먹던 나는, 아들이 당연히 써서 넣었을 편지를 상상하며 몇 시간 동안 개봉의 설렘을 미뤄뒀다. 대신 밴드 채팅창의 대화를 읽고, 오래간만에 아들의 허물 상자를 포함하여 온 가족이 저녁 만찬을 즐겼다. 그저 다른 아들들의 사연을 즐기며 행복한 설렘을 좀 더 길게 이어가고 싶었다.

별의별 아들과 별의별 엄마에 의해 만들어진 별의별 사연은 감동과 코믹 사이에서 무수히 많은 감정을 생산해 냈다. 아들 편지에 울었다는 둥, 편지 한 장 없이 택배 상자 안에 옷과 신발만 있었다는 둥, 입대 당시 편지지와 우표, 볼펜을 보내야 했다는 둥, 편지지가 없어 편지를 못 쓴 것 같다는 둥. 미리 챙겨 보내지 못한 것에 대한 자책부터 엄마들의 각종 아는체까지 마치 춘추전국시대를 방불케 하는 채팅방에서 나는 홀로 평온을 즐기고 있었다. 그 모든 것들을 잘 챙겨 보낸 엄마의 여유일지도. 나는 눈앞에 놓인 개봉 전의 택배 상자 안을 즐겁게 상상했다. 아들의 편지는 과연 몇 줄이나 채워져 있을까? 그러다 눈을 사로잡은 한 엄마의 사연.

"아들이 쓰던 물품과 편지를 읽고 울었다는 엄마들의 말을 듣고 집에 오자마자 기쁜 마음으로 택배 상자를 열었는데 편지가 보이질 않아 옷의 주머니란 주머니는 다 뒤져 보았지만 없더군요. 잔뜩 실망하고 저녁 식사 후 택배물을 정리하는 데 상자 안 귀퉁이 상단에 '잘 지내고 있으니 걱정 마'라고 급히 휘갈긴 아들의 글씨를 발견하고는 가슴을 쓸었어요." 못 봤으면 어쩔 뻔했냐며 생각만 해도 아찔하다는 사연이었다.

이런, 급히 휘갈긴?

편지지나 필기구가 없어서 편지를 쓸 수 없는 게 아니라 시간이 없어서 쓰지 못할 수도 있겠다는 생각이 들었다. 순간 여유는 사라졌고, 나는 허겁지겁 상자를 개봉했다.

## 아들을 입다

나에게는 조카가 열 명 있다. 그중 여덟이 사내다. 아직 입대 전인 조카들을 빼고 병장으로 만기 전역한 조카도 다섯 명이나 된다. 요즘은 10년이면 강산이 변하는 게 아니라 1년만 지나도 '라떼(나 때)'가 흘러넘치는 세상이다. 다시 말해 이미 전역한 지 5년 이상 지난 꼰대들의 말은 아들의 군 생활에 별로 도움이 되질 않는다는 뜻이다. 고무신 거꾸로 신는 건 담장 밖의 여인이 아니라 담장 안의 사내라는 말도 있으니 가까운 조카들의 예전 경험 또한 무용지물인 것 같다.

그런데 웃기는 것은 군에 아들을 보낸 부모들의 마음에는 '라떼'가 없다는 사실이다. '나도, 나도'만 있는 것 같다. 아들이 군에 간다고 하면, 아들에게서 택배 상자가 왔다고 하면 모두가 '나도 엄청나게 울었어'로 공감하니 말이다.

셋째 형부의 아들 사랑은 유별났다. 맏이가 논산 훈련소에 입대한 뒤, 형부는 훈련소 수료식 전날까지 아들이 벗어 놓고 간 옷을 입고 생활했다. 취미 생활이 온천과 목욕탕을 가는 것이고, 집에서도 씻고 나면 물 한 방울 남기지 않을 정도로 화장실을 깨끗이 청소하는 '깔끔 왕' 형부. 셔츠와 바지의 칼주름은 물론이거니와 손수 다려야 직성이 풀리는 그런 형부가 빨래 바구니에 넣어 둔 아들의 옷을 꺼내 입고 아들의 체취를 그리워하며 산다는 말에 어안이 벙벙할 따름이었다. 그때 형부가 보여준 눈물겨운 부정父情은 한동안 내 수다 아이템이자 안줏거리가 되었다. 그때는 몰랐다, 안줏거리는 늘 새롭게 개발되고 나 또한 훌륭한 안주가 될 수 있다는 사실을.

훈련병이 보내온 택배 상자를 눈물 상자라 한다. 이미 입소식 날 중대장으로부터 아들이 입고 간 옷들과 기타 물건들은 모두 집으로 돌려보낼 것이라는 말을 들었기에, 집에 도착한 '대한민국 육군' 택배 상자 안에 무엇이 담겨 있을지 모를 사람은 없을 것이다. 그러니 이상한 일이다. 왜 엄마들은 그 상자를 보는 순간 우는 걸까? 왜 가족들은 엄마의 등을 어루만져 주는 걸까? 지금까지 수많은 입대가 있었을 텐데, 어째서 '슬픔'만은 조금도 변하지 않은 걸까?

세상이 많이 바뀌었다지만, 자녀에게 가장 가까운 존재는 대부분 '엄마'다. 아빠보다 엄마와 애착 형성이 더 깊은 건 아빠에겐 슬프겠지만 현실이다. 아빠의 눈물과 그리움이 엄마에게 밀리는 이유일지도 모른다.

그럼 남는 의문은 하나, 왜 그토록 기다리던 택배 상자 앞에서 엄마들은 울고 있는 걸까? 보고 싶어서다. 볼 수 없어서다. 보고 싶은데 볼 수 없기 때문이다.

아들이 학생일 때는 학교 문턱이 높았고, 아들이 직장인일 땐 회사라는 사회 문턱이 높았다. 엄마는 자신의 외양과 교양을 이유로 아들 앞에 나서기를, 문턱 넘기를 늘 주저했다. 하지만 학교와 직장이라는 그 문턱은 마음만 먹으면 넘지 못할 장애물은 아니었다. 보고 싶을 때 언제나 그 문턱 언저리에는 엄마가 있을 수 있었고 볼 수 있었으며 안을 수 있었다. 그러나....

훈련소라는 문턱은 너무나 높고 견고하여 세상에서 가장 위대한 존재라는 '엄마'가 마음먹는다고 해서 넘을 수 있는 곳이 아니다.

그리하여 태어나 처음으로 '훈련소'라는 벽에 막혀 아들과 강제 분리된 엄마는, 아들의 허물 안에서 공허하게 아들을 안는다. 아들을 입는다, 쾨쾨한 향내와 그리움으로.

'신발과 옷들과 가방, 내가 준 모든 것이 다 돌아왔다, 너만 빼고.'

# 6

## 병원 진료

# 하이 앤 바이, 오스굿씨

엄마

### 니가 왜 거기서 나와

무릎 바로 아래 튀어나온 뼈, 들어는 보셨는지.

'오스굿씨병'.

초등학교 줄넘기 인증제 때문에 매일 줄넘기 연습을 하던 아들이 갑자기 무릎이 아프다고 했다. 아들은 누나 둘과는 달리, 어릴 적부터 운동능력이 좋지 않았다. 대개 수영을 한 달만 배우면 물에 뜰 수는 있다는데, 아들은 네 배의 시간을 들이고야 겨우 물에 떴다. 겁이 많아서일까? 하기야 미끄럼틀 탈 때 조차 무서워 했을 정도니까. 체육 수행평가 시간에는 운이 따르기를 기도하는 게 나을 것 같다는 생각이 들 정도로 저조한 운동 신경. 맨손체조의 준비 단계인 제자

병원 진료

리 걷기에서도 같은 쪽의 손과 발이 세트로 움직이는 걸 바로 잡으려다 포기할 정도였으니. 그래도 줄넘기만은 운에 맡기거나 포기시키고 싶지 않았다. 연습한 만큼 눈에 보이는 실력 향상에 아들도 열심히 연습했다. 그러다 며칠 후 무릎이 아파서 줄넘기를 못 하겠다는 아들. 연습을 많이 했으니 아픈 건 당연한 거라 다독이며 대수롭지 않게 넘겼다. 절뚝거리며 걷는 것도 상당 부분 엄살이라 여겼는데 급기야 아파서 울기까지 하니. 그제야 나는 아들을 데리고 병원에 갔다. X선을 찍었고 '오스굿씨'라는 병명을 들었다. 네? 뭐라고요? 오스...?

이 세상엔 죽을 때까지 듣도 보도 못할 병명도 많겠다는 생각을 처음 해봤다.


진통제를 처방받고 집으로 돌아오는 내내 아들에게 얼마나 미안했는지 모른다. 무식하면 용감하다는 게 나를 두고 한 말 같았다. 의사 선생님은 아플 때 신체 활동을 무조건 멈추는 수밖에 없다고 했다. 활동량이 많은 10세~15세 정도 나이의 남자아이에게 흔하게 발생하는 질환이자 급격하게 성장하는 시기를 지나면 좋아지는 병.

‘오스굿씨병’을 알게 된 후 이전과는 달리 아픔에 예민해졌다. 아마 나의 이런 예민함은 경험하지 못한 아픔을 대수롭지 않은 ‘오버 액션’ 정도로 받아들인 미안함에서 비롯된 것일 테다.

‘그래도 그렇지, 뼈가 뭐 그런 곳에서 튀어 나온다냐!’

## 하이, 오스굿씨

6방, 18방.

6개월 방위, 18개월 방위를 일컫는, 30년 전만 해도 흔했던 추억의 단어다. ‘아들딸 구별 말고 둘만 낳아 잘 기르자’는 표어를 실제로 본 기억이 있는 나이니, 내 청춘에는 현역도 많았지만 6개월, 18개월 근무하는 방위병도 많았다. 현역 입대를 피하려고 급하게 살을 찌웠더니 평발로 병역 면제가 되었다는 어느 개그맨의 이야기는, 단지 개그 소재를 위한 거짓부렁은 아닐 것이다. 내 친한 선배 중 한 명도 좋지 못한 시력을 더 나쁘게 만들기 위해 밤마다 어둠 속에서 촛불을 봤다고 했다. 물론 그 이유로 18개월 방위병으로 근무했는지는 모르겠지만 말이다.

내가 하고 싶은 말은 대한민국의 이십 대 남자들에게 입대는 예나 지금이나 마주하기 싫은 현실이라는 것이다. 전역하고서도 재입대하는 꿈엔 간담이 서늘해진다고 하니, 남자들에게 입대 트라우마는 여자들의 상상 이상일지도 모른다. 남자들의 군 복무 관련 에피소드와 엄마들의 임신과 출산에 관한 스토리는 비슷한 구석이 있다. 안 해 본 사람은 말을 말아!

아, 한 가지 더 있다. 둘 다 나라를 위해 이 한 몸 바쳐 희생한다는 숭고함.

하지만 군 복무의 숭고함과 애국심은 느닷없이 날아온 병역판정검사 안내문을 받는 순간 날아가 버렸다. 당연히 가야 함을 알고 있는데도, 보내고 싶지 않은 이 복합적인 감정을 표현하기란 쉽지 않다. 게다가 아들 건강도 걱정된다. 과연 체력도 저조한데 무릎까지 아픈 아이가 군 복무를 잘 해낼 수 있을까?

답도 없는 고민은 끝없이 이어졌고, 그러다 문득 오래전에 받아둔 의사 진단서가 떠올랐다. 어쩌면 '오스굿씨'가 구원이 될 수도 있지 않을까? 반갑다, '오스굿씨'.

## 바이, 오스굿씨

군대 갈 나이가 되면 괜찮을 거라는 의사의 말. 잊지는 않았으나 잊고 싶었다. 입시 준비와 맞물린 코로나19의 여파로 학교에서도 체육활동이 현저히 줄어든 마당에, 2년 동안 아들의 무릎 상태를 확인할 기회가 없었다. 병무청으로 신체검사를 받으러 가는 날 나는 아들에게 병명을 꼭 기록하라고 당부했다. '오스굿씨' 말고도 꽃가루 알레르기도, 비염도 축농증도 꼭 기록하라고.

그날 아들은 엄마의 당부는 고이 접어둔 채 과체중으로 2급 판정을 받아왔다.

과체중. 아들의 문제고 엄마의 잘못이다. 문제를 인식하고도 잘 먹는 아들의 모습을 보는 건 엄마의 낙이었기 때문이다. 자연스레 입대 전 체중 감량은 실패로 돌아갔다. 그러다 훈련소 3주 차 주말. 아들과 전화 통화하면서 또다시 오스굿씨와 마주쳤다.

의무대에서 진료를 받았단다. 군의관은 아들의 무릎 상태를 확인한 뒤, 신체에 무리가 가는 주요 훈련은 빠지는 게 좋겠다고 권했다. 군화마저도 운동화로 변경해도 좋고 목발을 권하기도 했다고. 아들은 과잉 진료라며 엄마를 안심시켰다. 하지만 엄마는 걱정할 수밖에 없었다. 과거에 비슷한 상황이 있었기 때문이다.

고등학교 1학년 체육 시간, 늦게 나온 몇몇 친구들 때문에 아들의 반 전체가 기합받은 적이 있었다. 분명 선생님은 몸 상태가 좋지 않은 사람들은 스스로 빠지라 했고, 예전부터 아들의 다리 상태를 알고 있던 친구들이 빠지라고 권했건만 아들은 모든 조언을 무시한 채 이를 악물고 버티다 마지막 순간에 졸도하여 보건실로 실려 갔다.

나중에 들은 사건의 전말. 기합에서 빠진 친구 중에는 반 전체를 기합받게 한 당사자들이 있었고, 열외한 상황에서 그늘에 앉아 벌받는 아이들을 비웃는 그들의 태도가 몹시도 거슬렸던 탓에 아들은 까무러칠 때까지 버텼다고 했다. 누굴 닮았는지 모르겠지만, 정말 쓸데없는 오기라 생각했다. 체육 선생님은 아들의 이러한 태도를 높이 평가했고 학년말 생활기록부에도 이 사건은 지대한 영향을 미쳤다. 하지만 이 사건은 엄마로서는 전혀 달갑지 않은 아들의 무모한 도전이었다.

'과잉 진료면 어때. 없는 병을 허위로 조작한 것도 아니고 꾀병을 부린 것도 아닌데 의무대에서 그깟 과잉 진단 좀 받으면 어때서.'

무릎 아래 돌출된 뼈를 가진 아들은 활동에 있어서 약간의 제약은 있지만 '오스굿씨병'에서 점점 멀어지고 있다. 엄마만 아들의 병을 애지중지하고 있는 건 아닌지.

아들은 숨기려는 병, 엄마는 알리려는 병. 이제 내가 아들의 '오스굿씨'와 멀어질 차례다. 바이, '오스굿씨'.

# 훈련소 안의 어머니

지휘관

훈련하면 다치는 일이 종종 생긴다. 발이 삐거나 벌에 쏘이거나 나무에 긁혀 피가 나는 일. 그런데 훈련을 하지 않아도 환자는 생긴다. 샤워장에서 미끄러져 머리를 찧거나 사물함 관물대 문을 닫지 않은 채 다니다가 얼굴을 다치거나. 가만히 있어도 아플 수가 있다. 갑자기 고열이 난다거나 우울감을 느낀다거나 하는 수없이 다양한 증상들. 훈련소에 입소하고 수료할 때까지 환자는 생기고 또 생긴다. 아무리 예방 교육을 해도, 시스템을 잘 갖춰놓아도 예외가 발생한다. 그렇지만 신병교육대대의 중대장과 교관, 조교들은 이런 예외조차 용납하지 않지 않으려 한다. 확인하고 또 확인한다. 이동 경로를, 훈련병의 건강을, 훈련장을, 교보재를. 예상 가능한 돌발상황을 시뮬레이션하고 또 시뮬레이션한다.

그들은 알고 있다. 인간의 행동이 100% 완벽할 수 없다는 것을. 그런데도 강박을 가진다. 그래서 환자가 생기면 아무리 불가피한 상황이었더라도 그들은 자책한다.

어느 날 한 훈련병이 훈련을 마치고 산에서 내려오다가 발목을 심하게 접질렸다. 유심히 지켜보던 조교가 즉각 달려가 훈련병의 상태를 확인하고 부축하여 근처에 있는 구급차로 데려간다. 발목은 이미 시커멓게 부은 상태. 그런데 의무대에서는 장비가 없어 정밀검사가 안 된단다. 하필 보유한 구급차 모두 훈련장에 나가 있어 큰 병원으로 이송할 차가 없다. 교관 마음은 다급해지고. 훈련병을 자신의 차량에 태운 다음 큰 병원으로 이동한다.

같은 시간. 중대장은 큰 병원에 미리 연락한다. 그리고 어머니께 전화를 드린다. 차분하게 아들 상태를 설명하고 진료가 끝나면 다시 연락드리기로 한다. 교관과 훈련병이 큰 병원에 도착했다. 교관은 보호자다. 절차를 밟고. 불친절한 직원에게 항의하고. 훈련병이 불편하게 누워있는 침상을 정리해 준다. 검사결과가 나올 때까지는 시간이 걸린다.

일과시간이 끝났음에도 교관과 중대장의 마음은 심지처럼 타들어 가고, 촛농처럼 녹아서 바닥에 고인다.

혹자는 말한다. 그건 책임져야 하니까 그런 게 아니냐고. 문책을 피하려는 형식적인 조치 아니냐고. 그러나 바로 눈앞에서 그들의 활동을 수없이 지켜본 나로서는 동의하기 힘든 주장이다. 조교와 교관, 중대장의 감정은 문책의 두려움이 아니다. 그런 건 전혀 급한 일도 아니고 중요한 일도 아니다. 그들의 머릿속을 지배하는 단 하나의 생각은 훈련병 건강이다. 입대할 때 어머니들과 했던 약속을 지켜야 한다는. 수료식 때 아들의 달라진 모습을 보여드리겠다는 열망이 매뉴얼을 초월한 헌신을 가능케 한다.

그들은 이렇게 생각한다. 훈련병이 다치면 최단시간 내에 최고의 진료를 받아야 한다고. 미리 보고할 여건이 안 된다거나 행정절차가 지연된다고 생각하면, 그들은 먼저 움직인다. 차가 없으면 만들어서라도 간다. 그 과정에서 누가 절차를 두고 따진다면, 그들은 화를 내면서 계속 움직이리라.

---

그들은 천상 군인이다. 분명한 목표를 가지고 모든 장애물을 뚫고 나간다. 그리하여 기어이 훈련병을 최고의 의사 앞에 데려다 놓고야 만다.

나는 자주 놀란다. 내 앞에서 그들이 보이는 눈빛 때문이다. 그들에게 0번 훈련병은 0번이란 숫자가 아니라 이름이다. 그의 이름을 나에게 말하며 눈시울이 붉어진다. 그가 다친 건 자신 탓이라며. 내가 봤을 땐 전혀 그들 탓이 아니건만. 예방 교육도, 준비도, 시스템도 모두 갖춰진 상태에서 발생한 불운임에도 그들은 자책한다. 격앙된 어머니의 전화를 받아도 그들은 자책한다. 죄송하다고. 어머니가 쏟아내신 걱정을 꼼꼼히 받아내어 마음의 서랍장에 잘 정리해둔다. 그들에게 어머니의 말은 상처가 되지 않는다. 왜냐하면 어머니의 마음은 그들 자신의 마음이기 때문이다. 우리가 우리 내면의 소리에 상처받지 않듯이. 그들 또한 그렇다.

가끔 그들은 어머니보다 더 어머니가 된다. 치료가 시급한 아들이 있다면, 그들은 어머니를 설득한다. 가장 많은 경우는 마음의 병을 앓고 있는 경우다. 사회에서 시련을 겪고 마음의 문을 닫은 채 입대한 아들. 친구들에게 심한 괴롭힘을 당해 사람을 피하는 아들. 게임중독. 도박중독. 자해 경험. 어머니는 아들의 또 다른 모습에 당황하면서 굳이 병원에 갈 것까진 없다고 말하지만. 부대 안의 또 다른 어머니는 부대 밖의 어머니를 설득한다. 지금 그냥 덮어버리면 분명히 곪게 될 거라고.

　신병교육대대는 한 개의 생활관에 대략 15명의 동기가 함께 생활한다. 담당 교관과 조교가 항상 함께하며 훈련과 생활을 지도한다. 그렇기에 대인관계를 선명하게 알 수 있고 개성 또한 드러난다. 이때 드러나는 마음의 상처를 빨리 해결하지 않으면, 좀 더 개방적인 분위기인 자대에 가서는 상처가 벌어져서 손쓰지 못할 정도가 된다. 부대 안의 어머니는 너무나 잘 알고 있다. 수많은 아들의 상처를 보았기 때문이다. 부대 안의 어머니는 자신의 상처가 아님에도, 그 상처를 끌어안음으로써 자기 마음에 상처 자국을 남긴다. 그리해야 아들의 마음속 상처가 덧나지 않는다고 생각한다. 상처가 잘 아물어야 수료식까지가 아니라 군복무기간 전체를 무사히 보내고 어머니의 품으로 돌아갈 수 있다고 믿는다.

마침내 부대 안의 어머니와 부대 밖의 어머니 마음이 하나
가 된다. 교관은 기쁜 마음으로 출장을 준비한다. 그는 새
벽 세 시에 일어나 간단히 세수하고 출근한다. 갈 길이 멀다.
전라북도에 있는 부대에서 수도권 소재의 군 병원까지는
250km 거리다. 깊게 잠들었던 훈련병을 깨우고 기분이 어
떤지 묻는다. 함께 차를 타고 기나긴 여정을 떠난다. 그들은
올라가는 동안 여러 가지 이야기를 나눈다. 군 생활은 어떤
지. 밖에서는 뭐 하고 지냈는지 같은 시시콜콜한 이야기. 둘
은 목이 말라 휴게소에 잠시 들러 아이스아메리카노를 마
시고, 음악을 들으며 두런두런 이야기를 나눈다. 병원에 들
어가기 전에 간단히 아침 식사를 한다. 이제 병원에 도착했
다. 훈련병은 의사를 만나기 위해 진료실로 들어가고. 부대
안의 어머니는 진료실 밖에서 아들이 나오길 기다린다. 밝은
표정으로 나오길 기대하면서.

　어머니들이 가장 걱정하는 것 중 하나는 아들의 건강 아
닐까. 뉴스를 보다가 훈련병이 제때 치료를 받지 못해 문제
가 생겼다는 소식이라도 뜨면, 어머니의 심장은 내려앉는다.
아들을 입대시킨 어머니는 군 복무 중인 모든 아들의 어머

니이기 때문이다. 그 걱정의 무게가 실로 무겁다. 수십만 명을 향한 걱정이기에. 그것은 내용의 경중 완급을 떠나 중대하다. 신병교육대대에 근무하는 중대장과 교관, 조교는 그 형용하기 힘든 마음의 무게를 너무나 잘 알고 있다. 그들 또한 어머니기 때문이다. 부대 안에서 아들의 편이 되어 모든 난관을 돌파하는. 그 과정에서 조금이라도 굳은살이 배기기를 바라는. 한 뼘이라도 성장하길 바라는 그들은 부대 안의 어머니. 어머니기에 아들의 병원 진료에서만큼은 한 치도 양보할 수 없는 것이다.

# 7

## 훈 련

# 훈련, 좀 못해도 괜찮아

엄마

## 형, 죽지 마

아들이 훈련병 아니랄까 '훈련'과 '군'이라는 말을 듣거나 글만 보아도 신경이 곤두선다. 눈물이 난다. 군사훈련이나 군대 생활에 대해서라면, 나는 아는 게 별로 없는 엄마다. 남편 또한 방위산업체로 군 복무를 대신한 탓에 나는 남자들의 군 복무 레퍼토리를 별로 들은 적도 없다. 우리 가족의 군대 상식은 거의 TV나 영화, 신문 기사 등의 대중 매체에서 얻어걸린 것들이다.

아들이 초등학교에 막 입학했던 즈음에 큰 조카가 입대를 앞두고 인사를 하러 왔었다. 내가 대학 새내기 때 태어난 큰언니의 아들이니, 이모인 나로선 첫사랑 같은 조카였다.

대학 생활의 긴 방학 때마다 절반 이상은 조카를 보러 서울로 갔다. 과외 아르바이트로 모은 용돈을 장난감과 옷 구매에 쏟아부으며 키운 자식 같은 조카가 군대에 간다니. 왠지 속상했다.

조카에 대한 내 염려가 아들의 눈에는 어떻게 보였을까? 아들은 울먹이며 형에게 죽지 말라고 했다. 언젠가 군 복무 중 사망 사고가 있었다는 뉴스를 본 모양이었다. 당시 나는 형이 죽을까 봐 걱정하는 아들 달래랴, 망연자실 서 있는 조카 눈치 살피랴 참 난감했다.

엄마의 현명함으로 아들을 이해시켰다고 생각했는데 착각이었다. 몇 달 뒤, 학부모 상담 시간에 담임 선생님으로부터 형에 대한 아들의 걱정은 여전했음을 듣게 되었다. 말하기를 좋아하는 아들은 쉬는 시간이면 교탁 앞으로 나가 선생님께 이런저런 말들을 많이 했다. 그중 언젠가 동네 형이 군대 간다고 인사를 왔는데, 형이 죽을까 봐 아들이 걱정하고 있다는 말을 선생님께서 들려주셨다. 사촌 형이 동네 형으로 바뀐 건 많은 말을 두서없이 쏟아대던 아들 탓이지 선생님의 잘못된 기억 때문은 아닐 것이다. 중요한 건 엄마의 눈높이 설명에도 불구하고 어린 아들의 마음엔 군대가 죽을 수도 있는 곳이라는 인식이었다.

훈련받다 죽을 수도 있는 곳, 한 번의 실수가 타인을 죽음으로도 내몰 수 있는 곳, 그리고 보안이라는 폐쇄성으로 인해 모든 진실이 숨겨질 수도 있는 곳. 그곳에 지금 아들이 있다, 내 아들이.

## 수류탄을 안은 마음이란

내가 즐겨보는 TV 프로그램 중 하나는 〈사건 반장〉이다. 미니언즈를 똑 닮은 앵커가 진행하는 시사 정보 프로그램이다. 여느 날처럼 〈사건 반장〉을 시청 중인데 '훈련병이 못 던진 수류탄 안고 산화한~'이라는 자막이 지나갔다. 홀린 듯 눈에 들어온 문구였다. 기다릴 틈도 없이 나는 스마트폰으로 기사를 검색했고, 가슴을 쓸었다. 2004년 2월, 어느 사단의 신병교육대대에서 김범수 대위는 한 훈련병이 안전핀과 클립을 분리하고도 던지지 못한 수류탄을 몸으로 끌어안고 숨졌고, 그의 희생으로 교정에 있던 나머지 훈련병들과 교관, 조교 등 296명이 무사할 수 있었으며, 해마다 추모식이 진행된다는 기사였다(한국경제, 2023년 2월 17일). 이런 장교도 있구나.

　언론에서 보게 되는 군 관련 소식들은 안타까움을 넘어 분노를 일으키는 기사가 많다. 화장실 청소가 제대로 되지 않았다고 똥을 먹게 했다는 인분 사건이나 훈련을 빙자한 얼차려로 훈련병을 사망케 했다는 사건 등은 아이를 키우는 부모들에겐 피를 끓게 하는 보도다. 게다가 대한민국 이십 대 청년이라면 누구나 짊어져야 할 국방의 의무에 편법을 동원하는 자들을 볼 때마다 울화가 치밀어 오른다. 최선을 다해 최고의 사랑으로 키운 아이를 부모의 무능력 때문에 군대라는 사지로 내몬 듯한 마음이랄까?

　내 일이 될 수도 있다는 피해 의식과 군의 단절된 문화가 어우러져 군과 관련된 나쁜 소식은 더욱 와전될 수도, 축소될 수도 있다. 와전과 축소를 인정할지라도, 대한민국에서 아들을 키우고 있는 부모에게 국방의 의무가 어떤 마음이든 간에, 훈련병 아들을 둔 내게 故김범수 대위의 사연은 잠시나마 심리적 안정감을 주었다. 수류탄 떠안을 결심을 한 그 찰나의 시간에 그는 무슨 생각을 했을까? 어떤 장면이 주마등처럼 스쳤을까? 생각하고 행동하기엔 터무니없이 짧은 시간에 그를 움직인 것은 몸에 밴 사명감과 책임감이었을지도 모르겠다. 그리고 그 마음은 자녀를 향한 부모의 사랑과도 같다.

한 사람이 집단을 대표하는 일반화는 위험하다. 그럼에도 불구하고 나는 故김범수 대위가 대한민국 모든 훈련소의 교관들을 대표하는 일반화이길 소망한다.

## 못해도 괜찮아

아들에게서 편지가 왔다. 누나가 그려 보낸 귀여운 그림에 답장이라도 한 듯 군복 입은 귀여운 자신을 그려 넣고 예쁜 손 글씨로 빼곡하게 두 장을 가득 채웠다. 편지엔 훈련을 제대로 받지 못한 아쉬움과 곧 다가올 훈련에 대한 고민이 담겨 있었다. 아들은 무릎 상태가 완전히 좋아지지 않아 실제 수류탄 던지기에서는 열외가 되었다고 아쉬워했다. 팔을 쓰는 활동인데 열외가 된 이유는 뭘까? 교관이 내 아들을 미덥지 않아 하는 걸까? 잠깐새 수십 가지 억측이 몰려왔다.

아들의 아쉬움이 엄마의 이성을 삼켜 버렸다. 그 와중에 한 훈련병의 엄마가 얄밉게도 밴드에 아들이 받은 전화 포상을 은근슬쩍 자랑했다. 내 아들은 던지고 싶었던 수류탄을 못 던져서 아쉬워하는데 자기 아들은 수류탄 던지기 훈련에서 포상을 받았다나 뭐라나. 멀리 던져서일까, 표적을 향해 정확하게 투하해서일까, 동료를 도왔나, 교관에게 잘 보였나? 엄마는 억측으로 힘든 시간을 보냈고, 얼굴 모르는 수류탄 교관은 이유 없이 내 불같은 감정을 받아내야 했다. 물론 이 모든 건 내 마음속에서만 벌어진 일이었지만.

편지를 읽으면서 아들의 또 다른 고민을 느낄 수 있었다. 그것은 열흘이나 남은 행군 훈련. 20kg 완전 군장을 하고 행군을 완주할 자신이 없는 아들. 처음부터 군장 무게를 줄여서 출발하고 싶지는 않고, 제 몫의 군장이 동료에게 짐이 되는 건 더욱 싫기에 아들의 고민은 깊은 듯 보였다.

이른 아침, 호남고속도로를 달리다 보면 가끔 육교를 지나가는 한 무리의 군인들을 볼 수 있다. 총을 메고 자기 몸통만 한 배낭을 짊어진 채 터벅터벅 힘든 발걸음을 내딛는 그들. 분명 그 발걸음은 자기 의지와는 관계없이 뭔가에 홀린 듯한 영혼 없는 걸음이었다. 남편은 논산 육군훈련소의 훈련병들 같다고 말했다. 야간 행군 말미의 모습인지는 잘 모르겠지만 행군 훈련을 염려하는 아들의 편지에서 그때 보았던 한 무리의 훈련병들이 생각났다.

드디어 행군하는 날. 아들은 완전 군장을 하고 행군했다. 죽을힘을 다해 아픈 다리를 참았지만 완주하지는 못했다고 아쉬워했다. 완주 후의 라면 맛을 보지 못한 게 너무나 후회된다고.

실제로 던져보지 못한 수류탄, 완주하지 못한 행군이지만 자신을 믿고 함께 하는 사람들을 의지하며 한 걸음 내디딘 용기 있는 아들.

'아들아, 엄마는 네가 자랑스럽다.'

# 힘든 행군이 환희로 바뀌는 순간

지휘관

수십 년이 지났건만 첫 행군의 고통이 아직도 생생하다. 군복과 군화에 익숙해지지 않은 상태에서 24kg의 배낭을 메고 40km를 걷는 일. 체구가 작고 깡말랐던 나는 10km 지점에 도착하자마자 버티지 못하고 토악질했다. 쉬는 시간은 정확히 10분. 다시 낑낑대며 배낭을 짊어지고 고개를 푹 숙인 채 어디론가 하염없이 걸었다. 무념무상의 상태로. 다시 쉬는 시간이 되고. 바닥에 철퍼덕 앉자마자 발바닥에서 불길이 치솟는다. 계속 생각했다. 이 상태로 걸을 수 있을까. 시간은 무정하게 흘러가고. 다시 걸어야 할 시간이 됐다. 자존심이 강했던 나는 조건반사적으로 다시 배낭을 짊어진다. 발바닥은 계속 비명을 지르고. 이를 악물며 신음을 삼킨다. 간신히 도착한 집결지. 양말을 벗은 나는 깜짝 놀라고 말았다.

피와 진물이 섞여 나왔고 피부가 화상을 입은 듯. 물집이 여러 군데 생겼기 때문이다. 아니 물집이라고 말하기 어려운, 그냥 피부와 속살이 붕 떠 있는 상태였다. 그제야 고통이 밀려왔다. 걸음마다 누적된 통증은 쌓였던 울분을 토해내는 듯 단번에 고통을 토해낸다. 내 얼굴은 일그러지고, 이와 동시에 행군의 기억 또한 일그러져버렸다.

　행군은 군인의 숙명이다. 특히 나는 '보병步兵' 장교였으므로 소대장과 중대장을 할 때 밥 먹듯이 행군했다. 임관 후 야전에서 하는 행군은 생도 시절과는 달랐다. 기본이 산악 행군에 거리는 최소 40km에서 최대 100km였다. 이 정도면 적응이 될 만도 하건만. 내 발바닥은 매번 첫 행군처럼 물집 투성이가 됐다. 물집에서 벗어나고자 정말이지 온갖 방법을 다 썼다. 군화 깔창을 여러 개 깔면 괜찮다고 해서 그렇게도 해보고 군화 안에 솔잎을 깔아보라는 이야기에 그렇게도 해봤다. 발바닥에 붕대 감을 때 쓰는 하얀색 반창고도 덕지덕지 붙여보고, 양말을 두 겹으로도 신어보고, 비닐봉지와 양말을 함께 신어보기도 했다. 그러나 대부분 무용지물. 그나마 효과가 좋았던 방법은 쉬는 시간마다 새 양말로 갈아 신는 것이었다. 고통은 발바닥뿐만 아니라 어깨와 허리에도 온다. 수십 킬로그램의 무게를 어깨로 짊어지고, 수십 킬로를 걸으면 군장에 달린 어깨끈이 빗장뼈와 승모근을 하염없이 짓누른다. 팔과 몸통 사이에 피가 통하지 않아 감각이 사라지고, 나는 양손을 어깨와 끈 사이에 집어넣어 고통을 완화하려 노력한다. 하지만 별 소용이 없다. 두툼한 어깨끈이 좋다고 하여 끈도 바꿔보고 부드러운 천으로 감아보기도 했지만 백약이 무효. 중력은 언제나 나에게 가혹했다. 그때 깨달았다. 행군은 군장 무게와도 관계없고 거리와도 관계없이 매번 사람을 극한상황에 몰아넣을 수밖에 없는 훈련이란 사실 말이다.

신병 훈련 기간 중 행군이 가장 마지막 훈련인 이유가 여기에 있다. 한계를 경험할 수 있는 원초적인 훈련이기에. 무게에, 군복에, 단체로 걷는 일에 적응할 시간이 필요하다. 훈련병들도 행군이 힘든 걸 안다. 경험해보지 않았지만 아버지나 형, 친구들이 안줏거리 삼았던 행군 이야기를 들었으므로. 영화나 드라마에서 행군을 힘들고 무의미한 무언가로 그려놓았으므로.

이런 종류의 간접경험은 훈련병들의 마음에 각인될 수밖에 없다. 실제로 행군은 힘들다. 그렇기에 수료 직전 훈련병들에게 가장 힘들었던 훈련이 무엇이었냐고 물어보면 10명 중 9명은 행군을 꼽는다. 행군을 앞둔 훈련병들의 걱정은 어찌 보면 당연한 일이다.

행군 출발시각은 19시다. 거리는 20km. 한여름의 행군은 아무리 밤이라 하더라도, 아무리 강한 체력과 인내심을 갖고 있더라도 신체에 이상을 일으키기 마련이다. 훈련은 강하게 해야 하지만 생명에 위협이 될 정도로 해서는 안 된다. 그래서 준비가 중요하다. 대략 200여 명의 훈련병. 한 명 한 명의 건강상태 확인은 필수다. 천식 환자, 발목 인대가 늘어났다거나, 무릎을 다쳤다거나, 허리나 목 디스크를 갖고 있다거나, 공황장애를 포함한 극심한 심리적 불안까지. 교관과 조교들은 이미 4주간 개인의 성향과 건강상태를 파악했지만 행군 당일 출발 직전까지 이상유무를 확인하고, 더 나아가 행군 도중에도 훈련병들의 안색과 몸 상태를 점검한다.

가끔씩 오래전에 군 복무 마친 분과 대화를 나누다 보면

'행군'에 관한 이야기가 나온다. 그분들이 하나같이 하는 말씀은 요즘 '행군'이 편하다는 것이다. 거리도 줄었고. 횟수도 줄었다. 뭐 맞는 말이다. 40km를 걷던 예전과 달리 요즘은 20km 걷고, 횟수도 두 번이었던 게 한 번으로 줄었다. 그런데 중요한 건 거리나 횟수가 아니다. 이러나저러나 힘들기는 매한가지다. 그렇기에 방심하지 말고 세심하게 확인해야 한다. 생명은 그 무엇보다 최우선적인 가치이므로.

행군은 어느 한 장소에서 다른 장소로 이동하는 군사작전이다. 그래서 걷는 것 자체가 목적이 되기 쉽다. 실제로 그게 지시하는 사람이나 따르는 사람에게도 편한 방법이다. 굳이 다른 목적을 덧붙이지 않더라도 행군은 진행될 것이고, 훈련병들은 어쨌든 걸어가리라. 나는 이런 생각에 만족하지 않는다. 걷는 것 자체는 목적이 아닌 수단이 되어야 한다. 나는 일부러 긁어 부스럼을 만든다. 행군은 어쨌든 힘든 일이지만 그것을 좀 더 보람차고 의미 있게 할 방법은 없을까. 나는 중대장들과 의논하여 '팀 단위 행군'을 해보기로 한다. 교관과 조교의 통제하에 수백 명이 똑같은 간격과 속도로 걸어가는 게 아니라, 15명 정도로 구성된 한 개 분대가 죽이 되든 밥이 되든 알아서 마지막 5km를 걷는 거다.

　훈련병들은 새로운 방식에 들뜨고, 힘차게 군가를 부르며 출발한다. 나는 잠시 어안이 벙벙해진다. 행군은 이미 막바지에 다다른 터라 지쳐있어야 함이 분명한데 훈련병들은 이제 시작이라는 양. 자기들끼리 파이팅을 외치더니 서로 격려한다. 심지어 지쳐있는 동기의 군장을 대신 짊어지는 훈련병도 보인다. 군장 두 개를 앞뒤로 메고 교관, 조교를 향해 싱긋 웃는 훈련병이라니. 절뚝이는 동기는 서로 부축해 준다.

　드디어 마지막 도착지점. 그들은 한 덩어리가 되어 결승점을 통과한다. 뭐가 그렇게 신나는지 함성을 지르는 그들. 서로 어깨를 주물러 주는 모습을 바라보며 나는 수십 년 전, 나의 첫 행군의 마지막 장면을 회상한다. 속을 하염없이 게워내고, 물집을 터뜨리고, 끊임없이 질책받으며 걸었던 고통으로 박제된 행군의 기억이 이 순간 훈련병들의 미소로 희석된다. 그들의 벅찬 전우애는, 끝까지 동기를 데리고 함께 완주하겠다는 의지는, 그들의 샘솟는 기운은, 첫 행군의 나보다 단연코 낫다.

---

훈련　　　　　　　　　　　　　　　　　　　　　　　　121

# 8

## 식 사

# 눈칫밥만은 오, NO

엄마

## 먹는 것이 중한 엄마

'부모는 자식이 먹는 것만 봐도 배가 부르다'라는 말에 어린 시절의 나는 늘 의문을 품었다. 정말 부모가 되면 자식이 먹는 모습만 봐도 자신의 배고픔이 없어지는 걸까? 예전에 봤던 TV 속 한 장면이 생각난다. 잘살지 못했던 시절, 앉은뱅이 밥상을 펼치고 온 가족이 둘러앉아 밥을 먹는 모습. 밥상에 생선 한 마리라도 올라온 날에는 엄마의 젓가락질이 바빠진다. 가시를 발라 살 한 점이라도 자식의 밥 위로 나르느라 본인 밥의 온기는 사라진다. 가수 그룹 GOD의 '어머님께'라는 가사에도 이런 비슷한 장면이 있다. '어머니는 자장면이 싫다고 하셨어.' 너무나 가난했기에 비상금을 털고도 크게 마음을 먹어야만 먹을 수 있었던 자장면 한 그릇. 어머니는 자장면이 싫다고 하시니 철부지 아이에게 그 자장면 한 그릇은 노다지인 셈이다. 그저 내 아이가 자장면을 맛있게 먹는 모습만을 지켜보셨을 어머니.

어머니는 정말 자장면이 싫었을까? 어머니는 자식에게 생선 가시를 발라주고 본인이 의도한 듯 식은밥을 먹는 사람일까? 내 아이를 위해 자장면을 양보하고 생선 가시를 바르며 식은 밥을 먹는 게 엄마로서 당연한 모습인 줄 알았다. 그러나 엄마가 되어보니 그런 엄마의 행동은 사랑의 표현임을 깨달았다.

배고프고, 먹고 싶다는 원초적인 본능조차도 잊게 하는 엄마의 사랑. 내 아이의 입에 들어갈 밥 한 톨에도 마음을 담고, 본인이 굶을지언정 아이의 밥그릇에 맛있는 음식 하나라도 더 얹어주고 싶은 마음. 그렇기에 엄마는 눈으로 볼 수 없는 아들의 군대 식사에 관심을 가질 수밖에 없다. 물론 '더 캠프' 앱에 그날의 식단이 올라온다. 하지만 엄마들은 이것만 보고 안심할 수 없다. 피해 의식 때문인지도 모르겠다. 아이들의 학창 시절에도 그랬지만 지금도 가끔 학교

급식 문제가 언론에 오르내리는 걸 보라. 그럴 때마다 피해는 오롯이 아이와 부모의 몫이 된다. 이런 전례를 수도 없이 봐 와서일까? 심지어 부모가 식재료 검수 요원으로 참여했음에도 학교 급식 문제가 발생했는데, 그조차도 눈으로 볼 수 없는 군에서의 식단을 근심 걱정하지 않는 부모가 과연 몇이나 될까?

맛있는 찬이라도 나오는 날엔 교내에서 석식을 먹는 아이들이 평소보다 많아져 반찬이 부족했다고 투덜거리던 아들의 목소리가 생각났다. 훈련소에서도 밥을 늦게 먹는 날엔 밥과 반찬이 부족하지는 않은지, 먼저 먹는 날엔 뒷사람들을 위해 양껏 먹지 못하는 건 아닌지 엄마는 오늘도 훈련소에서 행여나 눈칫밥을 먹을 아들을 생각하며 입맛 없는 밥을 삼킨다.

## 눈칫밥을 먹을까 봐

아들은 대장이 예민하다. 이름하여 '과민성 대장증후군'.

중학교 입학 전까지는 내 아들의 장이 민감하다는 걸 전혀 알지 못했다. 아니 그때까지는 민감하지 않았을지도 모른다. 빵이나 시리얼은 간식일 뿐 절대 식사 대용이 될 수 없고 조식은 반드시 밥이어야 하는 아이. 주변에서 아들 또래의 딸 키우는 엄마에게 뼈 있는 농담을 듣기도 했다. 삼식이(삼시 세 끼 챙겨 먹는 사람) 아들은 장가 못 간다고. 그러거나 말거나 아들은 후각으로 잠에서 깨어났다. 특히 아침 삼겹살 구이는 아들이 가장 좋아하는 음식이었다. 아침부터 고기가 먹히냐는 말을 도저히 이해하지 못하는 우리 아들. 그랬던 아들의 대장이 사실 민감했다는 충격적인 진실은 중학생이 되고 첫 중간고사 첫날 시험에서 드러났다. 중국어 시험에 답안지 표시를 절반도 하지 못한 채 답지가 강제 제출되었다. 화장실이 문제였다. 장이 화근이었다. 아들은 2교시 시험 도중 참고 참던 배가 너무 아파 학부모 감독관의 보호 아래 화장실을 갔고, 시험 종료 벨 소리를 변기 물 내리는 소리와 함께 들었다고 했다. 그날 이후, 아들은 시험 일자를 고려하여 전날 저녁 식사부터 음식 조절을 했다. 알고 지내던 한의사 선생님도 어쩔 수 없다고 하셨다. 약을 먹어도 완전히 낫는 건 아니라고. 스스로 조심하고 자기 관리를 해야 한다고.

훈련소에서도 컨디션에 따라 식사 조절을 할 수 있을까? 먹고 싶은 반찬만 담아도 되는 자율배식일까? 아니면 건강을 위한 의무 배식일까? 더 먹어도 될 만큼 양은 충분할까? 먹다가 남겨도 될까? 반찬 투정한다고 혼나는 건 아닐까?

'과민성 대장증후군'은 심리적 요인에 의해서도 증상이 발현한다. 즉, 평소에 아침밥을 먹고 멀쩡했다가도 훈련평가와 같은 중요한 일을 앞두고 신경이 예민해지면 소량의 식사에도 복통을 호소할 수 있다. 이를 알지 못하는 사람이 보면 편식이나 투정, 또는 꾀병이라 생각할 수도 있다. 예전의 나도 시험 망친 아들의 복통을 어설픈 변명이라고 오해한 적이 있었으니까.

대한민국은 자유민주주의 국가이지만 밖에서 본 군대는 폐쇄적이고 보수적인 조직이다. 오십 대인 나조차도 밴드에 훈련병의 컨디션에 따라 아침밥 안 먹어도 되는지 물어보지 못하는데 이제 스무 살을 넘긴 아들이 조교에게 당당하게 '오늘은 아침 먹지 않겠습니다.'라고 말할 수 있을까? 식사 후 배가 아프면 화장실을 다녀올 시간은 충분히 주어질까?

구구절절 자신의 증상에 대해 말하는 게 싫어 어쩌면 아들은 눈치껏 군대 밥을 먹고 있을지도 모르겠다.

안 먹겠습니다.
더 먹겠습니다.
화장실 다녀오겠습니다.

먹는 것만이라도 눈치 보지 않고, 불이익을 받을까 겁내하지 않고, 당당하게 자신의 의견을 말할 수 있는 훈련소 생활이었으면 좋겠다.

식사

# 훈련병은 밥심!

지휘관

훈련소는 '한국인은 밥심!'이라는 명제가 가장 어울리는 곳이 아닐까 싶다. 정신적으로나 신체적으로나 에너지 소모가 많아서다.

낯선 곳에서의 고립된 생활, 수많은 사람과 지지고 볶으면서 따라오는 정신적 스트레스. 아무리 외향적인 사람이라도 새로운 환경과 접촉하면 필연적으로 적응의 시간을 거쳐야 하는 법이다. 그렇기에 이 스트레스는 피할 길이 없다.

이때 밥심은 효과적이다. 밥에 담긴 '심'이 불안한 마음心을 다독여주기 때문이다. 온기 어린 쌀밥, 적당히 간이 된 소고기뭇국, 아삭거리는 김치는 물론이고, 초밥이나 스테이크, 랍스터 등등. 오감을 만족시키는 식단이 마음의 먹구름을 날려버린다.

신체의 피로 또한 극에 달한다. 기본 장비를 착용하고 훈련장에 가면 온몸에 땀이 줄줄 흐르기 일쑤. 특히 산을 뛰어다녀야 하는 '각개전투'나, 무거운 군장을 메고 수십 킬로미터를 걸어야 하는 '행군'은 더욱 심하다. 땀을 한계 이상 흡수한 군복은 기능을 상실하고. 몸에서 뿜어져 나오는 열기는 수분을 마르게 하여 군복에 하얀 소금 얼룩을 남긴다. 마치 가뭄으로 쩍쩍 갈라진 논바닥 자국과 같다. 이때 위장으로 들어가는 밥은 생명을 싹틔우는 소나기다. 밥에 담긴 '심'이 소진된 힘力을 충전해주기 때문이다. 아무리 힘들어도 배가 든든하면 무엇이든 해낼 수 있는 기력이 솟아오른다.

대한민국 모든 부모님은 '밥심'이 건강의 원천이란 사실을 잘 안다. 그래서 아들이 입대하면 잘 먹기를 바란다. 혹여 학생 때 편식을 했더라도, 여러 가지 반찬을 골고루 먹길 바라고, 입대 전 불규칙한 생활로 식습관이 엉망이 되었더라도, 규칙적인 식습관을 갖길 바란다. 통제된 곳에서 생활하는 아들이 안쓰럽기도 하지만, 통제된 식사를 하면서 건강한 몸과 마음을 유지하길 바라는 부모님의 마음. 곰곰이 생각하면 이런 바람은 일시적인 마음이 아니다. 아이가 갓 태어난 순간부터, 아이와 영원히 헤어지는 순간까지. 부모님의 마음속엔 아들은 영원히 자라지 않는 아이이니까. 모든 부모님의 마음은 서로 닮아 있기에. 대대장인 나는, 부모님의 마음을 깊게 새길 수밖에 없다.

국군의 사명에는 '국가와 국민의 생명과 재산을 보호하는 일'이 포함된다. 나는 여기에 부모님의 염원을 지키는 일이 포함된다고 생각한다. 그래서일까. 군대에서 밥은 꼭 먹도록 규정되어 있다. 지휘관은 부대원 모두가 굶지 않도록 확인 감독할 책무를 갖고 있다. 어쩌면 세상 모든 군부대 지휘관 마음속 공통질문은 이것일지도 모른다. '우리 부대원이 밥은 잘 먹었을까?'

단지 규정이라서가 아니다. 다들 경험으로 아는 것이다. 이 단순한 질문 하나가 직접적으로는 전투력이 되고, 더 나아가 국민이 군을 신뢰하게끔 돕는 열쇠가 된다는 것을. 현대 전쟁은 국민의 신뢰 없이는 승리할 수 없으므로, '밥심'은 중대하다. '하늘이 무너져도 밥은 먹는다'는 명제가 기본 원칙이 될 수밖에 없는 이유다.

그런데 지휘관은 몇 가지 세부사항을 추가로 고민해야 한다. 모든 훈련병의 체질은 그들의 얼굴만큼이나 다양해서다. 쇠도 씹어먹을 듯한 기세로 뭐든 잘 먹는 사람이 있는가 하면, 입이 짧아서 한입 먹고 숟가락을 내려놓는 사람이 있다. 가리는 것 없이 먹는 사람이 있는가 하면, 특정 반찬만 골라서 먹고 좋아하지 않는 건 모조리 남기는 사람이 있다. 그래도 이런 상황은 괜찮다. 훈련 강도가 높아지면서 자연스레 식습관이 바뀌기 때문이다. 정말 세심하게 정성을 쏟아야 하는 이들은 아픈 훈련병이다. 이를테면 독감이나 장염에 걸려 일시적으로 식사량을 조절해야 한다거나, 신경성 위장 장애를 갖고 있어서 때때로 식사를 하지 않아야 한다거나. 땅콩이나 갑각류 알레르기가 있어서 밥 먹을 때 그것을 빼고 먹어야 한다거나.

이와 같은 제한사항은 입대 직후 최단시간 내에 확인한다. 당장 입대일 저녁부터 영향을 미치므로. 한 명의 조교가 훈련병 15명을 확인하고, 심각한 제한사항이면 담당 교관이 부모님께 전화를 걸어 다시 한번 확인하고, 군의관 진료를 받는다.

그렇다고 메뉴를 바꾸긴 어렵다. 식단은 이미 며칠 전에 확정되어, 조리에 필요한 식자재를 받아둔 상태. 따라서 교관과 조교는 식사 배식 간, 아픈 훈련병과 대화 나누면서 그의 식판을 확인할 수밖에 없다. 사용된 재료와 훈련병의 건강상태를 동시에 확인해야 하므로 상당한 노력이 필요하지만, 담당 교관과 조교는 아픈 훈련병의 가족과 다름없기에 기꺼이 그 임무를 수행한다. 그리고 가끔은, 진짜 형이 되기도 한다.

어느 추운 겨울. 나는 아침 식사 준비상태를 확인하기 위해 부대 식당에 들렀다가 이상한 장면을 목격했다. A 교관이 식당에서 무언가를 끓이는 모습이었다. 물론 급양관리관이 조리하고, 교관은 옆에서 보조하는 정도였지만. 교육훈련과 생활지도를 전담하는 교관이 주방에서 뭔가를 하고 있다니. 이상했던 나는 그들에게 뭘 하는지 물었다. 그러자 A 교관이 이렇게 말했다.

"000번 훈련병이 장염에 걸렸는데, 며칠째 밥을 제대로 못 먹어서 된장찌개를 끓이는 중입니다."

아침 메뉴는 된장찌개가 아니었다. 원칙적으로 모든 훈련병은 같은 메뉴를 먹어야 하기에, 이건 어찌 보면 특혜이자 편애로 느껴질 수 있는 행동이었다. 하지만 A 교관이 평소 얼마나 훈련병들에게 정성을 쏟았는지, 담당 훈련병들이 A 교관을 얼마나 존경하는지 아는 나로서는. 그 행동이 잘못된 행동이라 말할 수 없었다. 아니, 더 나아가 나는 A 교관의 마음을 이해했다. 이에 더해 지금 이곳에 없는 어머니의 마음, 앞으로 더욱 열심히 군 생활에 임할 OOO 훈련병의 모습을 상상했다. 혹여 문제가 된다면 대대장인 내가 책임지면 될 일. 그래서 "수고 많다."란 말만 남기고 돌아섰다.

한편, 이런 일도 있었다. 코로나바이러스가 기승을 부리던 시기. 아픈 훈련병들은 부대 식당에서 식사할 수 없는 상황이었으므로. 담당 조교와 훈련병 동기들이 도시락을 만들어서 '격리 생활관' 앞에 배달해주곤 했다. 그들이 회복될 때까지 삼시 세끼를 포장해야 하는 '부가적인 일'. 쉽게 생각하면 스트레스를 받을 법도 한데, 식당에서 도시락을 포장하는 이들의 표정은 밝았고, 활기가 넘쳤다. 그 와중에 도시락 포장을 지휘하는 B 조교의 목소리가 들렸다.

"격리된 훈련병들 얼른 회복할 수 있게, 도시락에 돈가스랑 바나나 하나씩 더 넣자!"

이미 식당에 있는 모두가 배식을 받았고 배불리 먹은 상황. 나는 못 들은 척 돌아나왔다. 한국인은 밥심이니까. 조교의 말마따나 그들이 얼른 회복되기를 바라며.

# 9

## 취 침

# 아들의 자장가

엄마

## 자장자장 우리 엄마, 잘도 잔다 우리 엄마

18개월까지 모유 수유를 한 탓인지 아들은 다소 긴 시간 동안 엄마 팔을 베개 삼아 품 안에서 잠들곤 했다. 내 생애 마지막 아이라는 생각 때문일까? 나는 무럭무럭 자라는 아들을 좀처럼 내 품에서 떼어내지 못했다. 어느 날, 초등학교 3학년이 된 아들이 거실 한가운데 놓인 커다란 워킹 테이블에서 벗어나 자기만의 책상을 갖고 싶다는 바람을 드러냈고, 드디어 나는 아들을 품 안에서 떼어 놓기로 결심했다. 책상을 사고 침대를 사고. 자는 동안에도 이따금 엄마의 입술을 만지작거려야만 하는 아들이었기에, 분리된 첫날 밤에 바로 엄마 곁에 오리라 나는 확신했었다. 하지만 예상은 빗나갔다. 아들의 침대에서 벗어나지 못한 건 오히려 엄마였다.

엄마는 아들의 침대에 함께 누워 잠이 들 때까지만 입술을 내어주면 되었고, 엄마 부재와 상관없이 아들은 다음 날 아침까지 곤히 잠을 잤다. 그렇게 하루하루 엄마의 잠 못 드는 밤이 늘어났다. 가끔 아들의 좁은 침대에서 구긴 몸으로 잠든 나를 본 남편은 널찍한 침대에서 혼자 잔 것을 되레 미안해 했다.

양수 파열로 엄마 몸에서 강제 분리되어 9개월 만에 2.42kg으로 태어날 수밖에 없었던 아들. 어쩌면 그런 아들에 대한 미안한 마음이 내 불면의 원인이었는지도 모른다.

엄마의 마음을 아는지 어느 날 아들이 늦잠 자는 엄마 곁에 와서 자장가를 불러주었다. '자장자장 우리 엄마, 잘도 잔다 우리 엄마.' 기억을 더듬어 그 옛날 엄마가 불러주었던 목소리의 톤과 억양으로, 리듬에 맞춰 앙증맞은 손으로 엄마 가슴을 토닥거리며. 실눈을 뜨고 아들 얼굴을 훔쳐보지만 새어 나오는 미소는 감출 수가 없다.

"엄마, 내가 자장가 불러주니 잘 잘 수 있지?"

아들은 '배고파요, 엄마'라는 말보다 아침 자장가를 불러주는 행위가 늦잠 자는 엄마를 자연스럽게 깨우면서도, 평소보다 더 맛있는 아침 식사를 할 수 있는 방법이란 걸 알고 있었다.

## 잠 못 드는 밤, Choo choo Train

아들의 목소리가 들려왔다. 환청이다. 새벽 3시를 향한 분침의 움직임도 십여 분 후면 끝나는 새벽 시간. 훈련소에 있는 아들이 몹시도 보고 싶은 깊은 밤, 불현듯 아들이 불러준 자장가가 생각났다.

세상의 온갖 진귀한 소리 중에서도 자신의 자장가를 가장 좋아하는 엄마를 위해, 당시 열 살이었던 아들은 엄마 휴대전화 녹음 기능을 켜고 자장가를 불렀다. 아빠를 비롯해 다른 사람들 앞에선 재롱이나 아양조차 내보이지 않던 아들이었기에, 반드시 엄마만 들을 것을 약속받고서 자장가를 불러준 것이었다. 그러나 3, 4년 주기로 스마트폰이 교체되고 누나들의 사춘기와 아들의 방황기를 거치는 동안, 나는 녹음된 자장가의 존재를 완전히 잊고 살았다. 이제 아들의 목소리를 찾아야 할 때였다.

정보 유출에 민감한 남편은 핸드폰을 교체해도 버리거나 기부하지 않는 편이다. 아마 아들의 목소리가 담긴 그것도 어딘가에 잘 보관되어 있을 것이다. 하지만 기종조차 떠오르지 않는 예전 휴대전화를 찾아내라고 이 새벽에 곯아떨어진 남편을 깨울 수는 없었다. 아들의 자장가를 추억해 낸 것만으로 위안 삼아야 했다.

대신 나는 아들이 가장 좋아했던 잠자리 동화책을 펼쳤다. 아들은 엄마가 읽어주는 잠자리 동화, '시네마 테일즈(Cinema Tales)' 시리즈를 좋아했다. 영어로 된 창작동화집이라 원어민의 발음을 들을 수 있는 CD도 구성품에 포함되어 있었다. 그러나 아들은 엄마의 발음과 억양으로 책을 읽어주는 것을 더 좋아했다. 경상도 사투리가 섞인 엄마의 영어가 더 좋았던 이유. CD에는 없는 엄마와의 스킨십 때문이었으리라.

나는 그 시리즈 중에서도 아들이 가장 좋아했던 <Tom' Train>을 꺼냈다. 여느 때와는 달리 오늘은 내 품에 '대갈장

군'을 안고 기차 여행을 떠났다. 'Choo choo, Choo choo'. 악어의 입속으로, 산을 넘고, 깊은 바닷속을 여행했다. '대갈 장군'은 카카오 프렌즈 캐릭터인 '라이언'의 우리 집 애칭이 다. 품 안에 안기에도 버거운 크기의, 유난히 머리가 큰 '대 갈장군'은 아들이 입대한 후로 아들을 대신해 내 잠자리 친 구가 되어 주었다.

아들이 몹시도 그리운 새벽, 엄마는 오늘도 너를 안고 힘 겨운 잠을 청해 본다.

## 곯아떨어지는 밤이 되지 않길

아들의 입대 날짜가 정해지고, 심란해진 마음을 감추기 위 해 애를 썼다. 엄마들은 걸음걸이, 숨 쉬는 소리, 눈빛 하나 만으로도 자식의 감정선을 유추할 수 있다. 이런 점은 스무 해를 함께 살아온 자식 또한 마찬가지일 것이다. 엄마의 멍 한 눈과 꽉 다문 입술만으로도 아이들은 분위기를 파악하 고 엄마의 심기를 건드리지 않는다.

하지만 가정과 학교라는 울타리에서 반강제적으로 떨어 져 나와 낯설디낯선 생활을 견뎌야 하는 사람은 내가 아니라 입대를 앞둔 아들이다. 가장 혼란스럽고 심란한 마음으로 하루하루를 보내는 것 또한 아들일 것이다. 거기에 엄마라는 존재까지 불안한 마음을 보탤 순 없었다.

아들의 입대. 나는 아들이 군 복무에서 얻을 수 있는 이점만을 생각해 보기로 했다. 불안을 감추는 노력 대신 긍정적인 면을 의도적으로 떠올려 보는 것이 나에게도 아들에게도 도움이 될 것 같아서였다.

규칙적인 생활 습관 만들기.

입대 전까지 학생 신분이었기에 어느 정도 규칙적인 생활을 하긴 했겠지만, 학원에 다니지 않았던 아들의 주말과 방학은 규칙적인 습관과는 거리가 먼 생활이었다. 더구나 대학 1년은 기숙사 생활과 긴긴 방학 탓에 더욱 불규칙하게 생활하고 있었던 아들. 처음에는 적응하는데 무척 힘이 들겠지만, 군 복무 기간은 강제로 규칙적인 생활을 할 수밖에 없다. 그렇게 18개월 동안 생활하다 보면 분명 규칙적인 생활이 몸에 밸 것이다. 밤늦게까지 유튜브를 보지도 못할 거고, 게임도 줄일 것이다. 덩달아 숙면도 취할 수 있겠지.

취침

숙면을 생각하니 훈련소 숙소인 생활관 모습이 궁금해졌다. 최근 TV 예능이나 드라마 등에서 본 생활관은 예전과는 많이 달라진 모습이었다. 이불을 깔고 자던 침상형 생활관이 아니라 개인 침대형의 생활관 모습. 프라이버시 보호나 수면의 질을 높이는 차원에서 개인 침대를 갖춘 생활관은 나에게도 무척 반가운 변화였다.

하지만 어이없게도 아들이 입대한 사단 훈련소와 이후 배치받은 자대는 모두 구식 침상형 생활관이었다. 아들의 군 생활 18개월은 침대 매트리스 위가 아닌 마룻바닥이었다. 언젠가 아들과의 주말 통화에서 수면 환경에 대해 대화한 적이 있다. 입대 전까지 침대 생활만 했던지라 나는 당연히 아들 허리가 아플 거라고 짐작했다. 할머니 댁에서 이불 깔고 잘 때면 다음 날 꼭 허리 통증을 호소했으니. 하지만 아들은 딱히 불편한 건 없다고 했다. 입대하고 처음 며칠 간은 힘든 훈련을 시작하지 않아서인지 옆 사람의 코 고는 소리에 잠을 잘 수가 없었지만, 이제는 그렇지 않다고.

27년째 남편 코골이에 적응하지 못하고 있는 나는, 옆 사람의 심한 코골이가 얼마나 밤잠을 위협하고 사람 신경을 거슬리게 하는지 잘 알고 있다. 입대 전 준비물로 넣어 줬던 귀마개가 아들에게 별 도움이 되지 못했다는 사실을 알게 됐고, 더 좋은 걸 챙겨주지 못해 미안했다. 그러나 이젠 옆 사람의 심한 코골이가 아들의 밤잠을 방해하지 않는다는 말은 너무나 속상했다. 얼마나 피곤했으면 그 천둥 같은 소리가 들리지 않은 것일까?

부디 힘든 하루를 견뎌낸 육신이 지쳐 쓰러져 잠이 드는 밤, 그런 잠자리만 아니었으면 좋겠다.

취침

# 잠 못 이루는 훈련병과의 대화

지휘관

    취침시간이 지났음에도 불면증에 시달리는 훈련병과 상담했다. 이런저런 대화를 나누던 중, 허를 찌르는 질문을 받았다. "대대장님은 왜 군에 가겠다는 생각을 하셨습니까?"

    입대한 지 며칠 안 된 그로서는 중요한 질문이었으리라. 군대를 원해서 들어간다는 건 그의 처지에서 도무지 이해가 안 가는 선택이었을 테니. 나는 순간적으로 내 딸이 떠올랐다. 세상에 대한 호기심으로 끊임없이 "왜?"를 연발하는 다섯 살짜리 내 딸. 나는 꼬마 탐험가의 호기심을 꺾기 싫어서 최대한 성실하게 답변해 준다. 아는 건 아는 범위 내에서, 모르는 건 찾아가면서.

    그렇기에 훈련병의 질문을 들었을 때 사실 기뻤다. 관심이 없으면 "왜?"라는 질문조차 나오지 않기 때문이다. "왜?"라는 질문은 자신이 아는 것과 자신이 처한 상황의 괴리에서 나오는 법이기에 정성껏 대답해줘야 한다. 내가 한 말에 따라 그의 군 생활 전체가 좌우될 수 있으므로.

나는 잠시 숨을 고르며 답변을 생각한다. 잠깐의 정적. 그건 기억나지 않아서다. 글쎄 언제부터였을까. 학창 시절 장래희망을 적는 칸에 전부 '장교'라고 적었으니 나는 꽤 오래전부터 군에 가고 싶었던 게 분명했다. 그런데 그 시절의 나는 왜 군에 가고 싶었을까.

어린 마음에 가난했던 집안 형편을 고려했을 수도 있고, '육군사관학교'라는 외형에 마음을 빼앗겼을 수도 있었겠다. 남들의 시선을 예민하게 받아들이던 시기이니만큼 여러모로 '장교'는 체면치레하기 좋았을 것이다. '나라 사랑하는 마음?' 뭐 그런 게 있긴 했겠으나 가물가물하다. 가난한 집안의 고등학생은 겨우 학업을 이어가기 바빴으므로. 아마 나는 그저 '선망'을 품고 육군사관학교에 입학한 것일지도 모른다.

취침

지금 내 눈앞의 훈련병이 그러하듯 나는 고등학교 졸업식도 치르지 않은 1월, 기초군사훈련에 입소하면서 커다란 내적 갈등에 직면했다. 그 당시 내 머릿속에는 작은 악마가 살았는데 버티기 어려운 상황마다 등장하여 나에게 속삭였다. "왜 이렇게 사서 고생하는 거야? 그냥 포기해!"

틀린 말은 아니었다. 아직 대학 입시는 진행 중이었다. 다른 좋은 대학에 최종합격했다는 소식을 들은 일부 동기는 훈련을 포기하고 퇴소했다. 나 또한 늦은 상황은 아니었다. 그런데도 내가 포기하지 않은 것은 물론 자존심 때문이기도 했지만, "왜 포기해야 하는가?"에 대한 명확한 이유를 찾지 못했기 때문이다.

생각해 보면 우스운 일이다. 군 복무에 대한 확신이 부족해서 내적 갈등에 휩싸인 사람이 왜 군 복무를 포기하려는지에 대한 이유를 찾지 못해 멈춰 버리다니. 밀고 당기는 힘이 같으면 물체는 정지하기 마련이다. 그때 나는 물체였으므로 흐름에 둥둥 떠밀려 가다가 훈련을 마친 것이나 다름없다. 그 당시, 나의 애국심은 강제로 주입되었다. 나는 이해하지 못한 채 '나라 사랑하는 마음'을 기계적으로 외웠다.

생도 생활은 겉보기에 꽤 잘 해낸 듯 보였지만 사실 끊임없는 내적갈등의 연속이었다. '이 생활을 계속해야 하나?'란 고민. 지금 자퇴해도 늦지 않았다는 마음이 매 순간 나를 괴롭혔다. 마음과 상황은 언제나 불일치했고, 의문은 토해지지 못한 채 다시 삼켜졌다. 덜 여문 생각은 소화불량을 일으켰고, 덕분에 나는 자주 앓았다. 내 마음은 그렇게 상처투성이로 자랐다. 상처가 나쁜 것만은 아니다. 상처가 생기고 아물면 그 상처는 단단해지는 법이다. 뼈가 부러지고 다시 붙을 때 단단해지는 것과 같다. 그렇기에 세월이 흐를수록 내마음도 단단해졌다. 굳은살이 배기는 것처럼.

생각해 보면 '나라 사랑하는 마음'은 처음부터 완벽하게 존재하는 마음이 아니라 성장하는 마음인 것 같다. 군 복무의 이유는 딱 잘라서 '무엇이다'라고 말할 수 있는 성격의 것이 아니라, 이유를 끊임없이 곱씹으며 자신만의 답을 찾는 과정임이 분명하다. 어린이가 어른이 되어 가듯. 수많은 시행착오를 겪어가며 만들어 나가는 것. 그것이야말로 진정한 신념 아닐까. 이런 맥락에서 '내적갈등'은 결코 나쁜 것이 아니라고 생각한다. 없애야 할 무엇은 더더욱 아니다.

취침

그것은 일종의 변증법. 정正과 반反의 치열한 투쟁 속에 합合이 탄생하듯. 치열한 '내적갈등'을 거쳐야만 스스로 체화할 수 있는 무언가가 창조되는 것이다. 무르익으려면 시간이 필요하다. 그러니 지금 이 순간, 눈앞의 훈련병에게 내가 해줄 수 있는 최선은 좋은 씨앗을 심어주는 일. 나는 이미 열매가 되었으므로 싹을 틔우기 위해 바닥으로 떨어져 기꺼이 그들의 양분이 되어야 한다. 씨앗이 잘 자라도록.

　　훈련병의 긴장한 눈빛이 느껴진다. 내가 말을 잇지 못하고 잠깐 멈춰서 있었기 때문이다. 그 잠깐 사이에 나는 수십 년을 오갔건만 눈앞의 훈련병은 그 사실을 모른다. 나는 그저 웃을 수밖에. 내가 웃자 그의 긴장이 풀리고. 나도 내가 왜 군에 가겠다는 마음을 먹었는지 모르겠다고 말하자 그가 미소짓는다. 나도 어이가 없어서 웃고, 편안해진 분위기 속에 내가 진짜 하고 싶은 이야기를 해 준다. 나의 시행착오를 전해주고 결과가 아닌 과정이 중요함을 알려준다.

　　네가 잠들지 못하는 이유. 그러니까 너의 고민은 나쁜 생각이 아니라고. 고민 끝에 탄생한 생각이 결국 너를 고난에서 구원해 줄 것임을. 내가 그러했음을 전력을 다해 말해준다. 부디 그의 온기 어린 마음속에 씨앗 하나가 부드럽게 심어지길 바라며.

한결 밝아진 모습으로 생활관으로 돌아가는 그를 보며 상상해본다. 그의 군 생활을, 전역해서 아버지가 되고 할아버지가 되는 모습을, 그의 마음속 씨앗이 어린나무가 되는 모습을, 거센 폭풍을 이겨내고 기어이 거목이 되어 다른 사람들에게 그늘이 되어 주는 광경을. 부디 그렇게 되기를 나는 간절히 바란다.

# 10

## 자대배치 / 선발

# 내 아들은 뺑뺑이

엄마

## 뺑뺑이의 소원

아들이 입대한 날, 아들들이 연병장에서 이별 준비를 하는 동안 부모들은 강당에 모여 훈련병들이 주차 별로 받게될 교육훈련 영상을 시청하고 설명을 듣고 짧은 질의응답 시간을 가졌다. 그때 누군가가 자대 배치에 관해 질문했다. 주로 영남과 호남 지역을 담당하는 사단 훈련소에서는 사단 예하 부대로 자대 배치되는 경우가 많긴 하지만 어디든 갈 수 있다고 했다. 북한이 동해상으로 미사일을 쏴대고 오물 풍선 날리는 일들이 반복해서 일어날 때, 최전방 군인들과 그의 가족들은 얼마나 불안할까? 그들에게는 미안하지만 나는 북한과의 관계가 껄끄러울 때마다 내 아들이 후방에 있는 사단 훈련소로 배치받아서 참 다행이라 생각했다.

얼마 전 통화에서 아들은 부대 분류 상담을 받았다고 말했다. 전공이나 특기에 관한 대화도 나누었다고. 운전을 못하니 운전병이 될 수도 없고, 남들과 다른 출중한 전투기술이나 뛰어난 체력의 소유자도 아니니 특전사 같은 곳으로 차출될 일도 없다. 이 말인즉슨, 내 아들의 자대 배치는 무작위, 그러니까 뺑뺑이로 낙점될 운명이라는 것이다.

언젠가 나는 친정엄마와 함께 친정집 근처 유명한 중국집에 갔다. 인근에 육군 0사령부가 있었던 터라 그날도 식당엔 군복을 입은 아들 또래의 군인이 있었다. 주말이라 가족들이 면회를 온 모양이었다. 할머니는 손자가 맛있게 먹는 모습을 보는 것으로 본인의 식사를 대신하고 계셨다. 손자는 연신 군대 밥 잘 나온다고, 자신은 괜찮으니 할머니 드시라고 말하는데, 할머니는 그 말을 못 들으신 듯 "잘 먹어야 한다, 많이 먹어라, 다 먹어야 한다."는 당부로 반찬을 빚어 손주 앞 접시에 담는다.

군인 한 명에 민간인 가족 네 명. 그날 이후로 군인 가족이라 하면 나는 그날 중국집에서 야끼우동과 탕수육을 맛있게 먹던 그 가족이 생각났다.

아들의 자대 배치 발표를 기다리며 지인들에게 사령부 같은 곳으로 자대 배치가 될 수 있는지 물어보았다. 친정과 가까운 곳에 있다면 부모가 여유가 없을 때 면회를 가줄 수 있는 할머니나 이모들도 있을 테니까.

"똑똑한 애들 차출한다고 들었던 거 같은데 아마? 사령부쯤 가려면 서울대생 정도는 되어야 하지 않을까?"

답을 한 사람도 딱히 정답을 알고 말한 것 같지는 않았다. 실실 웃으며 말하는 모양새가 어쩌면 쓸데없는 걱정을 하는 나를 놀리려고 농담을 던진 것일 수도 있다. 하지만 자대 배치에 학벌 운운하는 말을 들으니, 순간 기운이 빠졌다. 여기 빼고 저기 빼고 내 아들은 뺑뺑이 운이나 빌어야 하는구나.

'제발 거리가 멀어도 둥글둥글한 마음들이 많은 곳으로 뺑뺑이야 돌아라.'

## 제주에서 파주로, 파주에서 전라도로?

컴퓨터 공학도인 아들은 행정병으로 가길 원했다. 대학 1학년을 마치고 5월쯤 육군으로 입대하고 싶어 했다. 하지만 특기병 지원은 쉽지 않았다. 모집 첫날, 1교시 수업이 있는 날은 원하는 날짜에 지원할 수가 없었다. 몇 번의 실패를 겪으며 아들은 행정병 지원을 포기했다. 보병으로 변경하고 원하는 달에 입대힐 수 있길 희망했지만, 그 또한 만만치 않았다. 자신이 원하는 날짜는 남들에게도 매력적이었으니. 12월 중순에 기말시험을 끝내고 50여 일의 시간을 보낸 뒤 아들은 보병으로 입대했다. 우리 집에서 차로 15분이면 00보병사단이 있음에도 아들의 훈련소는 쉬지 않고 두 시간 이상을 달려야 도착할 수 있는 사단 훈련소로 배정되었다.

선배 엄마들로부터 군 복무는 집과 먼 곳이 좋다는 말을 들은 적이 있다. 하지만 나는 심리적 안정감이 실제 떨어져 있는 거리와 비례한다고 믿었기에 짜증이 났다. 가까운 훈련소가 있는데, 차로 두 시간 이상을 달려야 갈 수 있는 훈련소라니. 논산 육군훈련소도 40분이면 가는데 말이다. 그런 생각을 가졌던 탓에 자대 배치는 사단 훈련소 예하 부대로 배치될 확률이 크다는 말 또한 썩 반갑지 않았다. 하지만 아들의 훈련소 생활관에는 파주에서 온 훈련병도 있었고 경기도 이천에서 온 훈련병도 있었다. 또한, 지인 중에는 제주에서 파주의 훈련소에 배정된 아들도 있었다. 두 시간의 거리는 그깟 두 시간일 뿐이었다.

자대 배치가 초미의 관심사가 된 시점에서 아들 훈련소의 사단 예하 부대들을 검색했다. 하나같이 거리가 멀다. 위치상 대한민국 중간 지점인 대전에서 봐도 그랬으니. 제발, 제발 저기만 안 걸리면 좋겠다. 아니, 저기가 걸려도 그 안에서 또 거기만 아니면 좋겠다는 심정으로, 나는 블로그에 올라온 많은 사연에서 눈을 돌리지 못했다.

## 저기 안에 거기

그렇다. 내 아들은 내가 저기만 피하면 좋겠다고 생각했던 저기로 부대 배치가 되었다. 게다가 저기 안에서도 거기만 피하길 바랐던 곳으로 배정되었다. 저기 안에 거기.

나에게 신은 없었다. 하기야 신도 헷갈렸을 것이다. 종교도 없는 한 아낙네가 허구한 날 빌어대는데, 당최 어느 신에게 비는 것인지 신마저도 아리송했을 터. '파주에서 온 생활관 동기도 함께 저기 안의 거기로 간다니 내 아들은 불행한 게 아니다'라고 마음을 추스르고 싶었지만, 내 머리로는 부대 분류 시스템을 이해할 수 없었다. 파주에도 수많은 부대가 있는데, 왜 굳이 끝에서 끝으로 이동해야만 하는 건지.

비교적 편안한 곳으로 아들을 배치하려는 검은 손을 차단하려면 뺑뺑이를 돌리는 것이 공정한 과정일 수도 있다. 어디에 배치되든 운에 맡긴 것이니 어쩔 수 없다고 생각하면, 억울한 마음이 줄어들 수도 있다. 그렇다 하더라도 거리에 대한 배려가 없는 것은 여전히 속상했다. 도저히 당일치기로는 아들 면회가 힘든 거리. 훈련소와는 달리 일과 이후에 핸드폰을 사용할 수 있으니, 마음의 거리가 좁혀지는 것으로 위안 삼아야 하나?

이미 군의 특정 병과 지원을 돕는 학원이 생겼다. 이러다가 입대 전 '군대 입시' 준비가 필수과정으로 자리 잡는 건 아닐지 염려된다. 모두가 입대를 위해 사교육비를 들여야

---

하는 세상이 오는 것은 아닐지. 부디 이런 허무맹랑한 생각
이 나만의 기우로 남길 희망한다.

자대배치 / 선발

# 조교 선발이 끝나면 녹초가 되는 이유

지휘관

사무실에 앉아서 이메일을 확인하고 있는데 인사담당자에게 전화가 온다. "조교 면접준비 다 됐습니다." 나는 수첩을 챙겨서 면접장으로 들어가고, 미리 와 있던 면접위원들과 간단히 인사를 나눈다. 위원들은 모두 중대장이다. 신병 교육을 수년간 담당해 온 베테랑들. 나는 위원장으로 함께 참여한다. 쉽게 모이기 힘든 대대의 주요 직위자가 모두 이곳에 모였다. 오늘 진행되는 조교 선발 면접이 매우 중요하기 때문이다. 면접 대상자는 다섯 명이다. 지난주 화요일에 입영한 훈련병들이니 아직은 군복이 어색한 친구들. 경직된 표정과 굳은 자세. 의자에 앉아있는 그들의 모습이 이해가 가는 한편, 너무 얼어있으면 면접에 도움이 안 되기에. 최대한 부드러운 표정으로 가벼운 인사를 던진다. 살짝 안색이 풀리는 훈련병들. 나는 본격적으로 질문을 준비한다.

조교는 매우 중요하다. 나는 신병교육대대나 육군훈련소 각 교육대의 근간이 조교라고 생각한다. 훈련병들이 기상하기 전부터 일어나 그날의 교육훈련을 준비하고 훈련병들이 잠든 뒤에 취침에 들어가는 그들. 훈련병과 가장 밀접하게 접촉하면서 훈련부터 생활지도, 점호, 병원과 종교행사 인솔, 청소 및 분리수거, 식당 정리 임무까지. 그야말로 하나부터 열까지 밀착 지도한다.

이는 단순히 조교의 표준화된 과업을 나열한 것뿐이다. 그들의 진가는 돌발상황에서 발생한다. 훈련 중 갑자기 누군가 다치면 그들은 조건반사적으로 뛰어가 상태를 확인한다. 기상악화로 훈련내용이 바뀌면 그들은 능동적으로 바뀐 훈련내용을 훈련병들에게 설명하고 훈련목적을 달성할 수 있도록 지도한다. 행군하다가 훈련병이 낙오하면 군장을 대신 둘러메고 훈련병을 독려하여 완주할 수 있도록 지지한다. 자신이 담당하는 훈련병이 무사히 수료할 때 가장 큰 보람을 느끼는 이들. 내가 사랑하고 아끼는 조교들이다.

옛날 분들은 '조교'라고 하면 빨간 모자를 떠올린다. 이야기를 나눠보면 별로 좋은 기억은 아니다. 주로 말도 안 되는 얼차려를 받았다는 이야기. 조금 더 과거로 돌아가면 폭언과 욕설이 등장하고, 수십 년 전으로 돌아가면 구타와 가혹 행위가 등장한다. 그때나 지금이나 조교는 빨간 모자를 쓴다. 그러나 옛날 분들께는 죄송한 이야기지만 그때의 조교와 지금의 조교는 전혀 다르다. 사회 분위기가 바뀌면서 군대 문화 또한 급격하게 바뀌었기 때문이다. 지금은 구타나 가혹 행위는 말할 것도 없고, 폭언이나 욕설조차 용납되지 않는다. 얼차려도 금지된 지 오래되었다. 오직 규정되어 있는 '군기훈련'만이 가능할 뿐이다. 과거에는 통제에 따르지 않거나 게으름을 피우는 훈련병을 자기 멋대로 대하는 경우가 많았지만 지금은 설득해야 한다. 과거에는 손쉽게 부하를 다뤘지만 지금은 시간과 노력을 들여야 한다.

가끔 뉴스를 읽다 보면 군대가 매우 편해졌다는 댓글을 본다. 느슨한 통제를 군기 이완으로 연결하시는 분도 있고, 이래서 전쟁이 나면 싸워 이기겠냐는 글도 본다. 나는 이런 말에 동의하지 않는다. 편해졌다는 것은 언제나 상대적인 것이라서다. 느슨한 통제라기보다 합리적인 문화가 자리 잡았다는 편이 정확하다. 나는 '까라면 까'라는 말을 몹시 혐오한다. 나는 평소에 애정을 바탕으로 합리적으로 지시를 해야 실전에 돌입했을 때 비합리적인 명령, 그러니까 총탄이 빗발치는 상황에서 '돌격'이란 명령이 떨어졌을 때 기꺼이 따른다고 믿는 사람이다. 이십 년의 군 생활을 그런 신념 아래에 살았고, 나와 함께 복무한 동료나 부하들은 기대 이상으로 잘해줬다. '까라면 까'라는 말에는 설득을 위한 노력이 배제된 채 부하를 도구나 부품으로 보는 시각이 내포되어 있다. 그렇기에 독毒이다. '까라면 까'는 실전에서 불가피할 때 드러나야 하는 말. 평소 전쟁을 준비하는 단계에서는 신뢰가 먼저다.

그래서 요즘 조교들은 예전보다 월등히 힘들어졌다. 이유는 이렇다. 첫째, 수준 높은 리더십을 발휘해야 하기 때문이다. 입대하는 청년들의 개성은 나날이 강해지고, 얼차려는 부여할 수 없으며, '왜 이 일을 해야 하는지'를 설명해줘야 한다. 솔선수범은 선택이 아닌 필수다. 둘째, 교육과목에 대한 전문성을 키우기 위해 넓고 깊게 공부해야 하기 때문이다. 훈련병들의 빗발치는 질문에 정성껏 답변해 줘야 하므로 교범 내용뿐만 아니라 그 너머에 있는 원리까지 연구한다. 셋째, 교육자로서 스피치 능력과 정확한 자세를 보여주는 행동능력이 요구된다. 효과적으로 이해할 수 있도록 발성, 발음, 제스처를 강사 수준으로 연구한다. 넷째, 강한 체력이 필요하다. 아픈 훈련병을 업고 의무실로 뛰어갈 수 있을 정도로. 낙오한 훈련병의 군장을 몇 개씩 짊어지고 갈 정도의 체력이 있어야 한다. 다섯째, 강한 정신력이 필요하다. 화가 치솟는 상황에 직면해서도 평정심을 유지하며 훈련병들의 지도하는 일. 일과 진행을 통제하는데 필연적으로 발생하는 시간 압박. 다양한 우발상황. 이런 일을 수시로 겪으면서도 보람을 찾아야 한다. 여섯째, 올바른 인성이 필요하다. 훈련병들이 자대에 갔을 때 잘 적응할 수 있도록 매사에 모범이 되어야 한다. 말과 행동, 생각까지. 훈련병들은 조교의 모든 것을 보고 배우기 때문이다. 내 생각에 조교는 그야말로 슈퍼맨이다.

그렇기에 조교 선발 면접에 돌입하면 내가 던지는 첫 발언은 이거다. "조교는 여러분이 생각하는 것 그 이상으로. 몇

배로 힘들다. 그러니 포기해도 된다. 지금 포기해도 아무런 불이익이 없다." 나는 진실을 말하는 중이다. 그러나 훈련병들은 입을 맞춘 듯 하나같이 절대 포기하지 않겠다고 말하고, 조교가 되기 위한 열의를 불태운다. 나는 다시 말한다. 반드시 후회할 순간이 찾아온다고, 그러니 다시 생각해 보라고. 이렇게 말하는 이유가 있다. 결원을 채우기 위해 조교를 억지로 뽑는 것처럼 부대에 악영향을 끼치는 일은 없기 때문이다. 조교는 훈련병의 거울이므로 제대로 된 인재가 아니라면 선발하지 않는 게 옳다. 그래서 나는 어떻게 하면 많이 떨어뜨릴까를 생각한다. 압박 질문을 던지는 이유다.

몇 번을 똑같이 질문하고, 그럼에도 조교를 희망하면 그때부터 본격적인 면접에 들어간다. 나와 면접위원들은 지원자의 표정과 어투, 습관을 꼼꼼히 살피고 몇 가지 상황에 대한 그들의 대처 방안을 듣는다. 면접이 끝나면 누굴 선발할 것인지에 대해 치열하게 토론하고, 모두의 의견이 일치되면 선발을 결정한다. 매번 조교 선발 면접을 진행할 때마다 녹초가 된다. 그래도 매 순간 온 힘을 다해야 한다. 조교가 훈련병에게 미치는 영향은 상상을 초월하므로.

# 11

수료식

# 자랑스러운 이등병 계급장을 달고

엄마

## 요즘 수료식을 준비하는 마음

'요즘 젊은 놈들은 버릇이 없다'. '요새 애들은 나약해서 안 된다'.

이 말은 각각 기원전 1,700년경 수메르 점토판 문자와 호메로스의 《일리아스》에 적힌 내용이다. 소크라테스 또한 아무 데서나 먹을 것을 씹고 다니는 젊은이들을 버릇없다고 말했으니 나이 든 어른의 눈에는 늘 당시의 젊은이들이 버릇없어 보이는 모양이다.

무늬만 어른이 된 나는 '요즘 애들'이라는 말을 의식적으로 자제하려 한다. 그 말은 꼰대 어른의 말투 같기도 하거니와, 왠지 말을 내뱉는 순간 스스로 요즘에 뒤처지는 느낌이

들기 때문이다. 때때로 서글픈 마음이 드는 건 덤이다. 나도 한때는 요즘 애들이었기에. 우리 부모님도 그 당시의 '요즘 애들'이었던 내가 부러웠을까?

'요즘'을 피하고픈 노력에도 불구하고, 나는 요즘 훈련병 가족의 요즘 수료식 준비를 따라 하지 않을 수 없었다. 내 아들은 분명 '요즘'의 청년인데, 한 달 고생 끝에 만나는 엄마가 '요즘' 트렌드를 거스른 탓에 아들이 실망하면 안 되기 때문이다. 어쩌면 수료식 날 가족을 만나 외출을 하는 모습을 꿈꾸며 그 힘든 시간을 견뎌냈을지도 모르니까. 그러니 검증된 '요즘'을 믿는 수밖에 없다.

수료식 외출 준비는 요즘 애들인 딸들이 맡았다. 친한 친구들의 남자 친구 경험담과 인터넷 검색을 바탕으로 편히 쉴 수 있는 장소를 물색했다. 11시쯤 수료식을 마치고 나면 오후 5시까지 복귀해야 하므로 함께 있는 시간이 그리 길진 않았다. 가까운 곳에 숙소가 있으면 좋으련만, 이상하게 잠시나마 쉬어갈 장소가 좀처럼 눈에 띄지 않았다. 논산 훈련소 수료식 날에는 인근의 펜션들이 꽉 찬다던데 아들의 훈련소

인근에는 그런 장소가 없었다. 이런 경우엔 파티룸을 빌리기도 하고 카페에서 시간을 보내기도 한단다. 여기저기 장소를 찾던 중에 지난번 전화에서 마음 편하게 샤워하고 침대에 누워 쉬고 싶다는 아들의 말이 생각났다. 우여곡절 끝에 아들이 원했던 장소를 찾았고, 사장님의 배려로 반나절만 숙소를 예약했다. 마지막으로 아들이 좋아하는 음식들과 집에서 사용하던 목욕 용품들, 잠시나마 편히 입고 쉴 수 있는 옷 등을 챙겼다.

이제 아들 만날 엄마의 준비는 끝났다.

### 내 눈엔 너만 보여

어디선가 함성이 들려왔다. 모습은 보이지 않으나 분명 아들들의 함성이 틀림없다. 연병장 스탠드를 가득 채우고 있던 사람들이 일제히 일어나 소리를 향해 몸을 돌렸다. 잠시 후 한 번 더 울려 퍼지는 함성. 클라이맥스가 목전에 있음을 알리는 함성이었다. 여기저기서 웅성웅성. 아들 맞을 준비가 가장 빨랐던 건 '눈'이었다. 250여 명의 수료 훈련병 중에 내 아들의 목소리가 있다는 사실만으로도 눈물이 고였다. 분명 내 아들 목소리가 가장 크게 들렸다. 아들 바라기 엄마의 착각. '와'를 외치는 데 내 귀에만 들리게 '엄마'라고 부르는 아들의 목소리. 잠시 후, 한 무리의 군인들이 오(f)와 열(째)을 맞춰 연병장에 입장했다. 그리고 또 한 무리의 군인들이 등장했고, 뒤이어 몇 무리가 추가로 들어왔다. 스탠드 그늘에 있던 가족, 친구들은 박수와 환호로 군인들을 맞이했다. 분명 6주 전에 헤어진 아들인데, 그때와 달라진 건 의복뿐이건만 뭔가 달라진 아들들의 모습. 연병장의 아들들은 모두 같은 옷과 같은 신발과 같은 모자를 쓰고 있었다. 하지만 내 아들을 찾는 건 어렵지 않았다. 아마 거기 있던 모든 엄마가 그랬을 것이다. 훈련병 위치를 미리 훈련소에서 안내해 준 덕분 아니냐고? 아니다. 내 아들이기 때문이다.

입장이 모두 끝나고 정해진 순서에 따라 수료식이 진행되었다. 가장 기억에 남는 장면은 구호를 외치는 모습이었다. 입대하는 날 연병장에서 외치던 '충성' 구호와 수료식 날 아들들의 구호는 달랐다. 목소리에서, 눈빛에서, 경례하는 손끝에서 묻어나는 자신감은 분명 듣는 이에게 전율을 느끼게 했다. 내 몸에도 닭살이 돋았다. 전율은 몸이 떨릴 정도

의 벅찬 감격이다. 하지만 나는 그 전율이 반갑지만은 않았
다. 한 달을 겨우 넘긴 6주 남짓한 시간은 변화를 말하기엔
너무나 짧은 시간이다. 그런데도 지금 저 멀리에 서 있는 내
아들은 입대 전에 엄마가 알던 아들이 아니라고 온몸으로
말하고 있었다. 씩씩한 아들이 되었음을 뽐내고 있었다. 카
메라 렌즈로 확대해 본 아들의 눈빛은 자신감으로 가득 차
있었다. 그 모습을 볼수록 고여있던 내 눈물이 연신 흘러내
렸다. 아들이 애처로웠다. 저런 자신감을 장착하기 위해 얼
마나 힘들었을까?

## 자랑스러운 이등병 계급장을 달고

훈련소 수료식에서 식순에 의해, 그 어쩔 수 없는 식순에
따라 상장인지 표창장인지를 수여하는 시간 동안 손뼉을 쳤
다. 학교 졸업식 때마다 성적이 우수한 동기들에게 열렬히
손뼉을 치던 아들이, 오늘 수료식에서도 함성과 함께 손뼉
을 치고 있었다. 축하 소리가 크면 클수록 수료식도 빨리 끝
나리라는 부모들의 바람도 담긴 박수 소리가 연병장을 가득
채웠다. 짧지만 길었던 상장 수여식이 끝나고, 드디어 부모
님이 직접 아들에게 계급장 달아주라는 멘트가 나왔다.

뻥튀기 기계에 들어갔다 나왔냐는 말을 들을 만큼 날렵했던 '리즈' 시절에도 내 100미터 달리기 최고 기록은 19초였다. 하지만 연병장을 가로질러 아들에게 달려간 순간, 내 최고 기록은 깨졌다. 나는 숨기려야 숨길 수 없는 눈물을 휘날리며 부동자세로 서 있는 아들을 향해 달렸다.

아들은 자신을 부둥켜안고 우는 나를 바로 세우고 군인의 경례로 답했다. 한참 후에야 뒤따라온 남편은 계급장을 붙여달라는 아들의 요청을 나에게 양보했다. 부모가 양보하는 사이 아들은 두 분 모두에게 이등병 계급장을 받고 싶다고 했다. 그렇게 우리는 아들 가슴에 이등병 계급장을 떼고 붙이길 반복했다.

한 줄의 이등병 마크가 이렇게 소중할 줄 몰랐다. 가장 낮은 계급, 이등병. TV 드라마에서 본 가장 어설프고 무시당하는 계급, 이등병. 아들을 군에 보내고 나서야 깨닫는다. 이등병 계급장의 이면에는 집 떠나고, 가족과 분리되고, 몸에 밴 습관을 버리고, 어색한 존칭을 사용하고, 낯선 환경에 적응해 가며 힘든 군사훈련을 이겨내고 견뎌낸 모든 시간이 농축되어 있음을.


"이병, OOO! 엄마는 네가 자랑스럽다."


'고맙다, 아들. 엄마를 지켜주고 우리 가족을 지켜줘서. 그리고 무엇보다 너 자신을 잘 지켜줘서.'

# 모두의 얼굴에 꽃이 피는 날

**지휘관**

우리 집 현관에 앉아 전투화 끈을 조이면서 기원한다. 부디 오늘만큼은 구름 한 점 없이 화창하기를. 성장한 아들을 만나기 위해 전국 각지에서 오고 계신 엄마들의 마음에 한 줄기 온기가 가닿기를. 아들과 엄마의 얼굴에 봄이 피어나기를. 끈을 매는 시간은 수십 초에 불과하지만, 나는 군인정신으로 그 조그마한 공간에 거대한 염원을 밀어 넣는다.

출근하는 길에 익숙한 얼굴을 만난다. 교관과 조교들이다. 행사 준비하는 것만 봐도 알아챌 수 있다. 그들의 마음 또한 나와 같다는 걸. 도무지 누가 보지 않을 것 같은데 구석구석 청소하고, 가족들이 길을 헤맬까 싶어 온갖 장소에 안내 간판을 설치한다. 생각보다 이른 시간부터 준비하는 것 같아, 아침 먹고 좀 쉬었다가 준비하자 말해보지만. 그들은 이렇게 대답한다.

"부모님들이 아들 만나러 집에서 일찍 나오실 걸 생각하면, 이 정도는 아무것도 아닙니다. 저희 부모님도 제 수료식 때 일찍 오셔서 기다리셨던 게 생각납니다."

순간 속에서 뜨거운 기운이 올라왔지만, 담담한 척하며 말을 건넨다.

"그래도 밥은 먹고 쉬엄쉬엄 하자."

이럴 때마다 부대원들에게 배운다. 나는 그들 나이 때 아무 생각 없었던 것 같은데, 이토록 성숙한 마음 씀씀이라니. 물론 상급자 앞이니까 듣기 좋게 말한 것일 수도 있다. 하지만 그런 건 쉽게 구분할 수 있다. 그동안 수많은 사람을 겪어왔기에, 상대의 표정과 어투, 습관에 배어있는 비언어적 신호를 몹시 수월하게 포착할 수 있기 때문이다. 진심이 담긴 언행은 향기를 풍기는 법이다. 이른 아침부터 부모님 맞이에 전념하는 우리 교관과 조교들처럼.

출근 전, 수료식 행사장에 잠시 들른다. 어제 준비상태를 확인했지만, 혹시 변수라도 생겼을까 싶어서 미리 확인차 갔던 것인데. 이곳에도 익숙한 얼굴이 보인다. 중대장과 행정보급관이다. 단상에 올라오실 참전용사님의 동선과 좌석을 확인하고, 안전에 문제가 될 수 있는 시설물을 조교들과 함께 정리하는 모습. 이들 또한 나와 같은 마음임을 새삼 깨닫는다. 열과 성을 다하는 몸짓에는 자부심이 깃들어 있다. 이들을 존경할 수밖에 없는 이유다.

강당에 들어가니 오늘 주인공들이 빽빽하게 서 있다. 행사 준비를 위해 경례연습을 하고, 외출 나갔을 때 유의사항을 받아 적는다. 몇 시간 안에 가족들을 만날 생각에 들뜬 이들의 마음이 눈에 보인다. 강당 내부가 핑크빛 기대감으로 자욱해서 모르고 싶어도 모를 수가 없었다. 거기에 지금껏 볼 수 없었던 우렁찬 경례 소리가 더해진다. 듣자마자 알았다. 입대 직후 다소 불안해 보였던 누군가가 완전히 달라졌다는 사실을.

가족과 이별하고 군대에서의 첫날을 뜬눈으로 지새운 이들. 낯선 환경에서 낯선 이들과 6주간 동고동락하면서 훈련병들은 강해졌다. 단순히 신체적인 능력만 향상된 것이 아니다. 살아가면서 필연적으로 마주하게 될 다양한 어려움을 미리 겪었기에, 사람 자체가 강해진 것이다. 몸과 마음 양면이 단련된 사람은 좌절에 쉽게 굴하지 않는다. 포기하기보다는 어떻게든 부딪혀서 길을 만들어내고야 만다. 인고의 과정을 겪어낸 사람은 향기를 풍기는 법이다. 지금 내 앞에 있는 훈련병들이 바로 그러하다.

　수료식은 11시에 시작되지만, 아들을 보고 싶은 가족의 마음이란 언제나 시간보다 빠른 법이다. 혹시 빨리 오시는 분이 계실까 봐 위병소를 9시 20분에 개방하도록 지시했지만, 9시부터 부모님 차가 보이기 시작한다. 멀리서 오신 분들을 문밖에 세워두는 건 도리가 아닌지라, 중대장과 상의하여, 조금 일찍 문을 개방했다. 물밀 듯이 밀려오는 차량. 그동안 닿지 못한 마음이 둑을 넘어 범람하는 것 같아서 마음이 조금 일렁였다.

교관과 조교들의 안내에 따라 행사장으로 입장하는 가족들. 표정에 설렘이 묻어난다. 멀리 파란 모자를 쓴 어르신이 보인다. 참전용사님이다. 그분들이 오시면 존경의 마음을 가득 담아 경례하고, 단상 위 지정 좌석으로 모신다. 휠체어를 타고 오신 분이 확인되면 행사장 앞에 차를 주차하시도록 안내하고, 가족과 함께 부축하여 좌석으로 모신다. 버스나 택시를 타고 부대 앞으로 오시는 분들이 있다. 이분들을 위해 위병소 앞에 부대 버스를 배치하고 10분 단위로 순환시킨다. 그러다 보면 군악대가 입장하고, 몇 분 뒤 사단장님께서 입장하심과 동시에 행사가 시작된다.

　행사가 시작되면 아무래도 우수한 성적을 거둔 훈련병에게 스포트라이트가 비치기 마련이다. 사단장 상장과 함께 포상휴가증이 수여되는 것이니 모두의 주의가 집중되는 것은 당연하겠지만, 이 순간 나는 이들을 주목하지 않는다. 대신 가족이 없거나 오지 못하는 훈련병을 떠올린다. 바로 A 훈련병이다. A는 어릴 적 부모님이 돌아가셨고, 연락하는 친지가 없다. 혹여 A가 위축될까 걱정된 나는, 단상 위에서 그의 표정을 유심히 살핀다. 역시나 표정이 어둡다. 하얀 도화지에 찍힌 검은 점 하나가 유난히 눈에 잘 띄는 것처럼, 내 눈 동자는 A의 주름 꿈틀거림 하나하나를 식별한다. 마음이 쓰인다.

어느덧 우수 훈련병 시상식이 끝나고, 계급장 수여와 태극기 부착 시간이 됐다. 부모님이 일제히 아들 앞에 서서 서로의 얼굴을 바라보는 시간. 가끔 웃음이, 자주 눈물이 터진다. 정확한 인원은 모르겠다. 내 관심은 온통 A에게 쏠려 있기 때문이다. 사회자의 멘트가 끝나자마자, 나는 사단장님을 모시고 A에게 간다. 이 순간, 사단장님의 마음과 내 바람은 같다. 이 행복한 만남의 시간에 A가 침울해하지 않기를. 그래서일까. 다음 식순 진행이 임박했으나 사단장님의 발걸음이 좀처럼 A에게서 떨어지지 않는다. 별도로 기념사진을 촬영하고, 다음 부대가 어디인지 대화를 나누고, 등 두드려주면서 고생했다고 말씀하시는 사단장님. 정말이지 존경하지 않을 수 없다.

모두의 노력으로 행사는 아름답게 마무리된다. 훈련병과 그들의 가족은 서로를 꽉 껴안은 채 주차장으로 걸어가고,

빠른 속도로 부대를 빠져나간다. 면회 복귀시간은 정해져 있기 때문이다. 정오가 되자 무전기로 연락이 온다. "부모님 차량 모두 위병소 밖으로 나갔습니다."

나는 한숨을 돌리며 훈련병들이 가족과 만나 즐거운 시간을 갖는 장면을 생각한다. 하지만 그리 오래 떠올리진 않는다. 어차피 그분들은 함께라서 행복할 테니. 대신 모든 주의력을 A에게 집중한다. 담당 소대장과 함께 고깃집에 가서 배부르게 소고기를 먹는 A. 나는 훈련병 모두의 대대장이지만, 오늘 하루만큼은 A의 가족이길 바란다. 오늘 하루만큼은 그의 고독이 함께하는 이들의 미소로 날아가 버리길 희망한다. 그리하여 A가 조금이나마 웃게 된다면. 더 바랄 게 없겠다.

# 12

## 마지막 날

# 군생은 새옹지마

엄마

## 계획대로 안 되는 아들

아기를 가리켜 백지상태의 도화지 같다고 한다. 세상의 규칙이나 사람들과의 관계 등 모든 경험이 부재한 상태의 아기들은 부모나 주변의 환경, 교육 등에 의해 다양한 모습으로 자라날 가능성이 무한하다는 의미이다. 나는 백지상태의 도화지에 밑그림을 잘 그리기 위해 무진장 애를 썼다. 내 아기라는 도화지는 그려놓고 지울 수가 없기에 더 신중했다. 하지만 내가 간과한 사실이 있었으니. 그것은 도화지의 소유자는 내가 아니라는 점이었다. 주인은 내 아기이고 엄마는 아기가 자신의 도화지에 좋은 그림을 그릴 수 있도록 환경을 제공하는 역할이었다. 하지만 인생의 다양한 맛을 경험한 엄마는 아들의 도화지에 얼룩이 묻는 게 두려웠고 교묘

한 방법으로 아들의 그림을 조정하려 했다. 그러나 많은 순간 엄마의 계획과 아들의 그림은 어긋났다.

어릴 때부터 과학을 좋아했던 아들은 과학관에서 진행하는 양질의 프로그램에 참여하면서 로봇 과학자가 되고 싶다는 꿈을 가졌다. 일주일에 한 번씩 엄마와 나들이 가듯 좋아하는 과학을 배우러 갔다. 대신 아들은 매일 집에서 정해진 분량의 수학과 영어를 공부했다. 일찍부터 자기 주도 학습이 몸에 밴 아들은 늘 엄마의 자랑이었다.

아들이 중학생이 되고 나는 수학 심화 문제의 정답과 풀이를 봐야만 아들에게 눈높이 설명을 해줄 수 있는 경우가 많아졌다. 아이가 셋이다 보니 우리 집 사교육비 지출은 원하는 과목보다 필요한 과목이 기준이 되는 경우가 대부분이었는데 바로 그때가 아들의 수학 사교육에 돈을 지불해야 할 시점이었다.

수학 과외를 시작한 지 3개월쯤 되었을까? 아들은 과외를 그만두고 싶다고 했다. 솔직한 아들의 속내는 수학 과외 중단을 넘어 공부를 쉬고 싶다는 것이었다. 공부는 학교 수

업 시간에 하는 것으로 끝내고 싶다고. 부모 강요에 의한 사교육은 철저히 지양한다는 우리 부부의 신념에도 불구하고, 엄마인 나는 아들을 설득하고 싶었다. 또래 아이들보다 비교적 일찍 진로를 선택해서 밑그림을 잘 그려가고 있었는데 아들이 멈춰 있는 동안 다른 아이들이 추월할지도 모른다는 불안감이 엄습했다. 하지만 이런 마음이 엄마의 강요처럼 느껴져선 안 된다. 혹여 누나들의 경험치가 동생을 자연스럽게 설득할 수도 있지 않을까? 나는 내심 이런 기대를 품고 가족회의를 소집했다.

그리고 나는 아들의 '드론 이론'에 홀라당 넘어갔다. 자신은 지금 비바람이 강한 곳에 떠 있는 드론이고, 뛰어난 드론 조종사인 엄마는 지금의 기상 상황에서는 비바람이 잠잠해질 때까지 피해서 기다려 줘야 한다고. 드론이나 조종사 따위를 들먹이며 허세를 부리는 모습이 영락없는 중2병이었지만, 아들은 최근에 읽은 책에서 가장 기억에 남는 한 문장이라며 엄마의 가슴에 쐐기를 박았다. '나를 가만두지 못해서 안달 난 사람들뿐이네.'(문지현, 2017, 아무것도 하고 싶지 않은 나에게, 뜨인돌.)

아들의 도화지에 커다란 구멍이 생길까 봐 전전긍긍했지만, 나는 아들을 비롯한 나머지 가족들을 설득할 수 없었다. 그렇다고 아들의 요구를 순순히 다 들어주고 싶지도 않았다. 나는 악필인 아들이 공부를 쉬는 대신 글씨 교정을 하도록 요구했다. 처음에는 저항이 있었으나, 학원 수강생 중에 아는 사람이 없다는 사실을 알게 된 아들은 엄마의 제안을 받아들였다. 고등학교를 졸업할 때까지 수학과 과학, 영어, 국어, 그리고 다양한 인터넷 수강 과목들까지 아들의 사교육에 들인 비용의 총합을 따지면 손글씨 학원 수강료는 그저 껌값 정도에 불과했다. 하지만 아들은 모든 사교육 중에서 석 달 수강한 손글씨 학원이, 자신의 인생에서 가장 도움이 된 수업이었다고 말했다.

손으로 적어 낸 글에서 글씨는 외모다. 마치 잘 만든 장인의 수공예품처럼, 휘갈기지 않고 한 글자씩 정성 들여 쓴 글씨는 시각적인 정갈함을 넘어 안정감을 준다. 정성을 들인 글씨는 당사자의 안정적인 마음 상태 같기도 하고 글에 집중할 수 있도록 배려하는 것도 같다. 아들은 그때 배워 연습한 손 글씨가 학교에서도 군 생활에서도 자신의 헐렁해 보이는 외적 이미지를 바꿔주는 무기가 되었다고 했다. 칭찬은 고래를 춤추게 할 뿐만 아니라 무기를 더욱 정교하게 손질하게 하는 힘이 있으니, 아들은 인생 계획에 없던 무기를 장착하게 된 셈이다.

## 너를 응원해

도전하는 삶은 아름답다고 한다. 하지만 도전은 양날의 검과 같다. 도전에는 성취감과 자신감, 성장과 발전이라는 긍정적인 측면이 있지만, 실패와 좌절, 정신적·육체적 스트레스, 인간관계의 악화와 같은 부정적인 측면도 있다. 그런데도 도전이 아름다운 까닭은 무엇일까? 도전에는 스스로 선택한 용기가 있기 때문이다. 자신의 선택을 책임질 용기. 실패와 낙담에도 자신의 도화지를 스스로 그려갈 용기.

우리나라에서 입대는 국방의 의무이지만 동시에 대한민국 이십 대 청년의 용기 있는 도전임이 틀림없다. 그래서 그 용기 있는 도전의 '시작'에 선 훈련병들이 대견하고, 그 모든 것이 처음이라 낯설고 무서웠을 텐데도 잘 견뎌낸 훈련병들이 위대하고 아름다워 보인다.

저기 안에 거기로 자대 배치를 받은 날, 아들은 집에서 자동차로 네 시간을 쉬지 않고 달려야 도착할 수 있는 부대에 보직됐다. 특기가 없고 보병으로 지원한 아들은 소총수가 될 것 같다고 메시지를 보내왔다. 남편의 핸드폰으로 아들의 직속 상관이라는 지휘관이 전화를 주셨다. 걱정하고 있을 부모를 위한 세심함이 묻어나는 통화였고, 아들은 생각했던 소총수가 아니라 대대의 행정병으로 근무하게 될 것이라고 했다. 육군 기술행정병으로 지원하기 위해 모집일에 맞춰 인터넷에 접속하면 번번이 마감돼 있어 어쩔 수 없이 보병으로 입대 지원을 했었는데, 자대 배치 후 그토록 원하던 행정병으로 보직을 받게 된 것이었다. 충원해야 할 자리에 컴퓨터공학과 전공인 신입이 들어왔으니 당연히 그 보직을 주셨을 것이다.

자신이 원하는 군 생활을 위해 행정병으로 지원될 때까지 마냥 입대를 미뤘다면 어땠을까. 어쩌면 아들은 여전히 군 미필이라는 부담을 안은 채 살고 있었을지도 모른다.


서른한 가지 아이스크림 맛을 앞에 두고도 아는 맛 외에는 거들떠보지도 않는 나는, 엄마의 계획대로 되지 않는 아들의 도화지를 보면서 인생을 배우고 있다. 계획과 어긋났지만 의도찮게 마주한 행운과 함께 아들의 군 생활이 시작됐다. 이제야 엄마는 분리불안에서 졸업한다. 엄마와 가정이라는 온실 속에서만 안전할 줄 알았던 아들이 스스로 선택하고 책임지고 용기 있게 자신의 도화지를 그릴 수 있는 사람임을, 엄마와 아들은 이제 믿어 의심치 않는다.

　'아들아, 넌 위대한 훈련병이었어.'

# 훈련소를 떠나는 별

지휘관

드디어 마지막 날이 밝았다. 훈련병들은 각자 짐을 챙겨서 배치받은 부대로 떠날 준비를 한다. 이른 아침밥을 먹고, 간단한 작별 인사를 나눈 다음 버스를 타고 떠나면 끝. 평소라면 웃으며 손 흔들어주는 것 말고는 특별한 일이 없으나, 훈련 기간 내내 힘들어한 훈련병이 있으면 따로 불러 대화를 나눈다.

유난히 기억에 남는 훈련병이 있다. 입대 전 불우한 환경에서 자란 A. 부모님은 진즉에 이혼하셨고, 어머니는 사고를 당해 거동이 불편하신 상태. 경제적으로 큰 어려움을 겪고 있는 데다, 학교폭력을 당해 자살시도를 한 경험이 있는 친구였다. 사실 이런 친구들은 많다. 그런데 A가 특별히 기억에 남는 이유는. 굉장히 모범적으로 생활했고 훈련성적도 좋았기 때문이다. 나는 A가 자대에서 행복한 군 생활을 하길 바라는 마음에 이렇게 말했다.

"너는 별이야."

느닷없는 말에 그는 어리둥절한 표정으로 나를 바라본다. 저게 무슨 말인가 싶어서 내 입에 시선을 집중한다. 가벼운 의도로 말한 것은 아니다. 그가 잊어버린 무언가를 알려주기 위해 그 말을 꺼냈다. A의 눈빛이 반짝인다. 눈동자 속에 이지러지며 깜빡이는 건, 그래. 별빛이다. 새까만 동공에 무한한 가능성이 빛을 발한다. 너무나도 찬란한 그 빛에 나는 매료된다. 그의 미래가 별자리처럼 내 마음속에 그려진다. 고대인이 밤하늘 별을 보고 별자리를 상상했을 때 이런 기분이었을까.

별은 어머니의 염원을 안고 태어난다. 알록달록한 색깔로 반짝이며 어린 시절을 보내고, 별이 발한 빛은 어머니의 마음에 닿아 어머니의 짐을 덜어준다. 별은 성장해서 나라의 부름을 받고 군에 입대한다. 별은 다른 별들과 어울린다. 흙탕물에 몸을 뒹굴어보기도 하고 상처도 받는다. 그렇지만 결코 그 빛을 잃지 않는다. 그것은 그의 본질이므로 다른 모든 것이 퇴색되어도 그것만은 사라지지 않는다.

18개월이 지나 별은 사회로 나간다. 어머니를 충분히 품을 수 있을 정도로 몸집을 키워서 세상을 헤쳐나간다. 그가 하고자 했던 것들을 모두 이룬다. 다른 별을 탄생시키며 키우고. 그렇게 울타리가 되어준다. 자신의 위치에서 최선을 다해 빛을 뿜어내는 별. 눈부시다. 우리나라의 밤하늘은 그의 별빛으로 대낮같이 환하다. 어제도 그랬고, 오늘도 그러하며, 내일도 그러할 테다. 그는 '별'이므로.

나는 A에게 말해준다. 너는 별이기에 스스로를 소중히 여겨야 한다고. 세상에서 가장 중요한 것은 너의 '생명'이며 그 어떤 가치보다, 심지어 '나라 사랑하는 마음'보다 너의 '생명'을 먼저 생각해야 한다고 열변을 토한다.

조금 이상한 이야기다. 군인의 본분은 국가가 위기에 처했을 때 목숨을 바쳐 싸워 이겨야 하는 것 아니던가. 물론 맞다. 그 숭고한 책무는 지극히 당연한 말이다. 나는 전쟁이 벌어지면 목숨 바쳐 나라를 지키기 위해 싸울 것이다. 그러므로 전쟁이 벌어지기 전에는, 싸워서 이길 준비를 철저히 해야 한다.

　그런데 나는 이렇게도 생각한다. '나라 사랑하는 마음'은 '자신을 사랑하는 마음'에서 비롯된다고. 자기 자신을 사랑하지 않는 사람이 어떻게 타인을 사랑할 수 있을 것이며 더 나아가 국민을, 한 국가를 사랑할 수 있을까. 그러니 우선되어야 하는 것은 자신의 생명을 소중하게 생각하는 일이다. 자신의 생명을 소중하게 생각하는 사람만이 타인의 생명 또한 소중하게 생각할 수 있다. 그리고 우리 국민의 생명까지도 애틋하게 품어줄 수 있다. 가치의 중요도를 말하는 게 아니다. 그 가치들은 비교할 수 없으므로. 내가 말하는 것은 가치를 품는 순서이다.

　매년 군대에서 스스로 생명을 끊는 장병들이 수십 명씩 생긴다. 사고로 생명을 잃는 장병들도 마찬가지다. 하지만 언론에서는 예전보다 사망자가 많이 줄었다고 말한다. 1956년 군 사망자 수가 3,000명에 가까웠으니 정말이지 아찔하다. 데이터만 보면 사망자 수가 줄어든 것은 분명하다. 수천 명에서 수십 명 수준으로 줄었으니 많은 개선이 있었음을 유추할 수 있다. 그러고 보면 뉴스 기사는 상당히 객관적이다. 공공의 이익을 대변하면서 민심을 대표하는 언론. 물론 모든 기사에는 의도가 숨겨져 있다. 아마도 '군 사망자가 많이 줄었다'는 기사는, 군대에 아들을 보낸 부모님들의 마음을 안심시키고자 하는 의도를 담고 있는 게 아니었을까.

그런데 나는 '예전보다 많이 줄었다'란 문장이 불편하다. 숫자가 중요한 게 아니다. 사망자는 0이 되어야 한다. 왜냐고? 그들은 별이기 때문이다. 배아 줄기세포가 모든 기관으로 분화할 가능성을 품고 있는 것처럼. 그들은 일국의 대통령, 초국가 기업의 수장. 수많은 난민을 구원하는 사람, 타인의 생명을 몸 바쳐 구하는 영웅이 될 수 있다. 누군가의 아버지가 될 수도, 할아버지가 될 수도 있는 그들. 자신의 자녀에게, 손자와 손녀에게 따뜻한 이야기를 전해주는 그런 가능성이 원천봉쇄되는 일이란 얼마나 끔찍한가.

---

내가 두려운 건 이뿐만이 아니다. 참척慘慽이란 말이 있다. 참혹할 참, 슬플 척. 자식이 부모보다 먼저 죽는 슬픔을 표현한 단어다. 부모와 자식 간의 사랑은 비대칭이다. 젊은 시절이라면 특히 그렇다. 아들이 배고프다고 칭얼거리면 어머니는 제 살을 베어내서라도 아들에게 먹이는 법이다. 감히 상상도 할 수 없는 공포. 그러므로 군대에서 사망자 '1'이란 숫자는. 심연이며 무저갱이다. 마주 바라볼 수도 없고 깊이도 알 수 없으며 누군가를 영원히 감옥에 가두는 일.

내 앞의 별을 보며 전력을 다해 생각한다. 그가 자신의 빛을 스스로 꺼뜨리는 일이 없도록. 다른 이의 빛을 꺼뜨리지 않도록. 더 나아가 우리나라 국민의 빛을 지켜주도록. 이런 마음을 품은 채 나는 그에게 '생명'을 가장 먼저 말한다. 너는 별이라고. 별은 영원히 꺼지지 않는 빛을 품고 있다고. 너는 네가 생각하는 그 이상이 될 수 있다고. 한계를 깨뜨리는 일. 자신을 둘러싼 알껍데기를 부수는 일은 노력해야만 되는 것이 아니라 필연이라고 말해준다.

그러자 그가 말한다. 입대 전 불우했던 기억에서 완전히 벗어나지 못했다고. 자대 가서 잘할 수 있을지 모르겠지만 열심히 해보겠노라 고백하는 그를 보며 생각한다. 그는 빛을 잃은 게 아니다. 잠시 흙탕물에 빠졌을 뿐이다.

　내 어린 시절. 일곱 살 때였던가. 엄마가 사 주신 새 옷을 입고 기분 좋게 집을 나선 나는 커다란 공장 옆 개울에서 신나게 놀았다. 그러다 풍덩 빠지고. 새 옷은 흙탕물로 엉망이 됐다. 나는 울면서 집에 돌아갔다. '엄마가 얼마나 화를 내실까?' 걱정하며. 비 맞은 생쥐 꼴이 된 나를 본 엄마는, 아무 말 없이 나를 욕실로 데려가시곤 옷을 벗기고 따뜻한 물로 씻겨 주셨다. 그 비누 향이 얼마나 향기로웠던지. 몸을 말리고 새 옷으로 갈아입은 뒤 거울 앞에 서니 멀쩡한 아이 한 명이 서 있었다. 엄마의 눈빛을 보진 못했지만 아마 엄마는 별을 보고 계셨을 거다. 겉모습과 상관없이 반짝이는 아들이라는 '별'을.

　그러므로 나 또한 힘들었던 과거를 고백하는 그를 '별'로 본다. 단지 '흙탕물'에 빠졌으므로 옷만 젖었을 뿐이다. 그 옷은 다시 빨아서 말리면 되는 것이고, 시원하게 목욕 한번

하고 나오면 다시 반짝이며 빛을 발할 게 분명하니까.


그렇게 훈련소를 떠나는 A를 배웅한다.

# 에필로그

시간은 흐릅니다.

훈련소는 항상 비워지고 다시 채워지는 공간입니다. 수백 명의 훈련병이 떠나고, 또 다른 수백 명이 들어오지요. 끝없는 순환 속에서도 지휘관은 매번 새로운 마음으로 훈련병들을 맞이합니다. 그들 모두가 소중한 별이기 때문입니다.

변화는 계속됩니다.

어머니는 이제 달력에 아들의 휴가 날짜를 표시합니다. 아들이 없는 집에서의 생활에 조금씩 적응해 갑니다. 갑자기 찾아오는 그리움의 파도가 여전히 가슴을 적시지만, 그 파도의 높이는 조금씩 낮아집니다. 대신 뿌듯함이라는 새로운 감정이 그 자리를 채워가지요.

훈련병은 이제 새로운 도전에 직면합니다. 훈련소에서 배운 기초를 토대로, 자신만의 군 생활을 만들어갑니다. 낯선 부대, 낯선 사람들 속에서 또 다른 성장의 길을 걷습니다. 때로는 힘들고, 때로는 지치더라도, 그는 계속해서 전진합니다. 어머니가 심어준 가치와 훈련소에서 배운 인내를 밑거름 삼아, 그는 조금씩 더 강해집니다.

훈련소 지휘관과 교관, 조교는 또 다른 입대를 준비합니다. 새로운 얼굴들, 새로운 이야기들, 그리고 새로운 별들을 맞이할 준비를 합니다. 지난 훈련에서 배운 교훈들을 되새기며, 더 나은 선배가 되기 위해 스스로 단련합니다. 이들의 마음속에는 떠난 훈련병들에 대한 기억이 여전히 남아 있습니다. 훈련병들 모두 어디선가 빛나고 있다는 사실을. 이들은 잘 알고 있습니다.

그리고 계절은 바뀝니다. 봄이 오면 벚꽃이 훈련소 담장을 넘어와 흩날리고, 여름이 오면 강렬한 태양 아래 구슬땀을 흘리며 훈련하는 군인들이 있습니다. 가을이 오면 낙엽 밟는 소리가 행군 소리와 어우러지고, 겨울이 오면 눈 덮인 연병장에 군화 자국이 선명하게 남습니다.

시간이 지나 마침내 전역의 날이 옵니다. 군복을 벗고 민간인의 옷을 입는 순간, 아들은 또 한 번의 변화를 경험합니다. 이제 그에게 군 생활은 하나의 추억이 되지만, 그곳에서 얻은 강인함과 인내, 그리고 동료애는 평생의 자산이 됩니다.

어머니는 성장한 아들을 다시 맞이합니다. 입대 전과는 분명 다른, 더 단단하고 성숙한 아들입니다. 같은 듯 다른 그 얼굴에서 어머니는 자신의 이십 년 양육과 18개월 군 생활이 만들어낸 경이로운 융합을 봅니다. 그리고 가슴 깊은 곳에서 뜨거운 것이 피어오릅니다.

지휘관은 또 다른 수료식에 참석합니다. 많은 수료식 중 하나일 뿐이지만, 그에게 모든 수료식은 특별합니다. 새로운 군인들이 태어나는 자리니까요.

그는 연병장에 모인 훈련병들을 바라보며 생각합니다. 그들 모두 누군가의 전부임을. 그리고 그들 앞에 펼쳐진 무한한 가능성을 말이죠.

---

위대한 훈련병

시간은 계속 흐릅니다.

입대와 전역, 이별과 재회. 이 모든 순환 속에서 우리는 서로를 통해 성장합니다. 어머니는 아들을 통해, 아들은 군 복무를 통해, 지휘관은 훈련병들을 통해 더 나은 자신이 됩니다.

그리고 그 모든 순간,
우리는 서로에게 빛이 됩니다.

밤하늘의 별처럼.
서로를 밝혀줍니다.

# 위대한 훈련병

엄마의 눈물과
지휘관의 염원이 만나는 곳

초판 1쇄 인쇄 2025년 9월 24일

초판 1쇄 발행 2025년 9월 24일

| | |
|---|---|
| **지은이** | 이소영·고유동 |
| **펴낸이** | 조유미 |
| **펴낸곳** | 업글북스 |
| **출판등록** | 제652-2025-000006호 |
| **전자우편** | upglebooks@gmail.com |
| **인스타그램** | @upglebooks |
| ISBN | 979-11-991528-9-2(03810) |